知られざる名城の仕掛けと謎

歴史ミステリー研究会編

彩図社

はじめに――城は戦場だった――

群雄割拠の戦国時代、城は支配者である城主の権威の象徴であると同時に戦における防衛の拠点であり、最後の砦でもあった。

そのため、敵の侵入を食い止めたり、攻め入った敵兵を攻撃しやすいようにさまざまな「仕掛け」がいたるところに施されていた。

城はまさに〝戦場〟そのものだったのだ。

たとえば、姫路城や松本城は外から見ると5層に見えるが、隠し階があるために内部は6階建てになっているし、犬山城には家臣を密かに待機させる「武者隠し」と呼ばれる空間が存在していた。

ほかにも櫓(やぐら)や石垣、複雑な城門に堀切など、城を守るための設備は多い。1章では、名城に施されたそれらの防御機構を紹介する。

2章ではもう一方の、攻める側が使用した武器について取り上げた。当初は弓や大盾などが活躍したが、時代が進むにしたがってしだいに進化していき、やがて鉄砲や大砲が登場することになる。

3章では、城が舞台となった合戦の中から代表的なものをまとめた。少数の兵で徳川の大軍を退けた上田軍の鮮やかな撃退劇から秀吉の悲劇的な兵糧(ひょうろう)攻めまで、戦いの様相はさまざまで、城が数々のドラマの舞台となっていたことがわかる。

そして4章には、そんな城にまつわる謎や伝説をまとめている。

本書を通して、戦国の世の武将たちが攻め、かつ守った城の姿に思いを馳せていただければ幸いである。

令和4年3月

歴史ミステリー研究会

1章　名城の仕掛け

2章　城攻めの武器

3章　城が舞台になった合戦

4章　城にまつわる謎

1章　名城の仕掛け

見る者をあざむく姫路城の多層構造

5層に見える白亜の城の真の姿

姫路城といえば、「白鷺城（しらさぎじょう）」の異名をとるほど真っ白なたたずまいが浮かぶ。

巨大な大天守と3つの小天守がそびえ立ち、渡櫓（わたりやぐら）によって天守同士が結ばれている連立式天守閣の姿は、まさに荘厳といっていい。

左の写真の右側にあるのがその大天守だが、何階建ての建物に見えるだろうか。

これが現代のオフィスビルなら、外観が5層であればそのまま5階建てということになるが、城はかつて重要な軍事拠点で、時として戦場となる場所だった。

そのため、いざという時に備え、襲い来る敵を退けるための工夫が随所に施されている。

特に姫路城は、池田輝政によって、要塞として完成度の高い城となっている。

姫路城の小天守と大天守

当然、大天守も例外ではない。見た目ほど単純ではないのだ。

じつは姫路城の大天守は、外観は5層に見えるが、内部は地上6階建てである。

1階から4階までは大広間やいくつかの部屋があり、3階のみ天井が高くなっていて、階段に踊り場が設けられている。5階は明かり取りがある屋根裏部屋で、最上階である6階には、一段高くなった書院風の広間がしつらえられている。

現代の6階建てのビルなら高さは18〜25メートル程度だが、姫路城は31・5メートルもあり、さらに土台には石垣も積み上げられている。現代のものに比べると、階数の割に高さのある建築物なのだ。

いざという時の地階の存在

さらに、姫路城には地階もある。

地階から2階までと、3階、4階、5階、6階の4つのブロックで構成されており、地階から2階にかけては通し柱を立て、その上に箱状の階が積み上がっている。そして、そのすべてを2本の心柱が支えるという構造だ。

地階はちょうど土台に積み上げられた石垣の上部にあたる場所で、外からはまったく見えない。

城に地階がある場合、一般的には倉庫として機能することが多いが、姫路城は炊事などができるように〝すのこ状〟の流しや、3カ所のトイレがあった。

といっても、誰かがそこで暮らしていたわけではない。これはいざという時に籠城するための隠し階なのだ。

戦国時代において、天守は城の最終防御拠点だ。追いつめられた時には、天守

地階の空間（写真：岡 泰行）

に立てこもって何日間も戦わなければならない。そのため、地階の入口には厳重な二重構えの扉がつけられており、外からは容易に侵入できないようになっているのだ。

もっとも、実際に地階に立てこもって戦うような事態は訪れなかった。というのも、姫路城は不戦の城、つまり城を舞台に戦いが行われたという記録が、少なくとも歴史のうえではひとつもないからだ。実際、トイレは使用の痕跡がなかったという。

戦火とは無縁だった姫路城の強運によって、幸いにも地階の備えは無駄になったということだろう。

松本城の隠し階「暗闇重」

「暗闇重」と呼ばれる隠し階

姫路城は白い城だが、それとは対照的に外壁は漆黒で、太陽光が当たるとそれが輝き、重厚な存在感を放っているのが松本城だ。

松本城が築城されたのは500年以上前で、全国に12ある現存天守のなかでももっとも古い。戦国時代末期に建てられた天守は、柱が多いがっしりとした造りになっており、大天守と乾（いぬい）小天守の下層部分は全体的に薄暗い。

これは戦に勝つことを考えてつくられたため、窓があまりないからだ。

そして、松本城にも姫路城と同じように「隠し階」が設けられている。外から大天守を見ると5層に見えるが、内部は6階になっているのだ。

3階部分は外からは見えない隠し階で、南側にある千鳥破風（ちどりはふ）の木連（きつれ）格子からわ

松本城（©663highland）

ずかな光が入ってくるだけの真っ暗な空間だ。

そのため「暗闇重」とも呼ばれているのだが、それだけに外から見るとそこに部屋があるとは予想できない。しかも、周囲は2層目の屋根に囲まれているため、城の中でももっとも安全な場所だった。

とはいえ、屋根裏にあたる部分なので、天井はかなり低い。ふだんはこの階は倉庫として使われていて、戦の際には武士がここに集まってきたという。

なぜ隠し階が可能なのか？

このような隠し階が可能なのは、千鳥破風

がうまくカモフラージュしているからだ。

千鳥破風は各層の屋根の上に載せた三角形の装飾で、瓦の下の壁面が格子状になっていて換気や明かり取りの役目をしている。

内部は小さな空間になっているので、小部屋として利用されることもあるが、松本城の場合はその小部屋を拡大するようにひとつの階にしたようだ。

姫路城の場合は、千鳥破風の内部の左右のすみに小さな扉があり、それをくぐって中に入ると、壁に鉄砲狭間（67ページ参照）がひとつ開いただけの小部屋になっている。ここに身をひそめて鉄砲で敵兵を狙うというわけである。

一見、城に貫禄をつけるためだけのデザインのように見える千鳥破風だが、そのじつは敵をあざむくためのきわめて実用的な存在だったのだ。

松本城が黒いわけ

ちなみに、松本城の外壁が黒いのは、城を築いた石川数正が豊臣秀吉の右腕の武士だったからだ。

2階と3階の間の千鳥破風（tupungato/stock.foto）

数正は、もとは家康の懐刀（ふところがたな）だったのだが、突然秀吉に寝返ったという謎多き人物である。

壁や柱、障子にいたるまで金を貼った黄金の茶室をつくったことでも知られる秀吉は、金色を引き立てる漆黒の壁を好んだ。

そして、政敵である徳川家康は姫路城に代表されるような優雅な白い城を好んだ。

だから、この黒い城は豊臣家への忠誠心の証なのだともいわれているが、軍事的に優れた機能と相まって、ほかの城にはない迫力を見せている。

家臣をひそかに待機させる犬山城の「武者隠し」

犬山城

家臣が隠れるための空間

隠し階があれば隠し部屋も存在する。

そのひとつが、国宝である犬山城にある「武者隠し」と呼ばれる空間だ。

犬山城は織田信康が創建した木曽川沿いの名城だが、隠し部屋は天守1階の城主の部屋である「上段の間」にある。引き戸を開けると、奥に8畳ほどの部屋がもうひとつ存在するのだ。

そこは君主の護衛目的で家臣が待機するための部屋で、もちろん灯りなどはなく、有事に備

武者隠しの引き戸

え真っ暗な中で身を潜めていた。

背後を断崖に守られた城

天文6（1537）年築城の犬山城は、江戸時代には徳川家の重臣が拝領したが、戦国時代には信長や秀吉らが奪い合った名城だ。

中山道、木曽街道、木曽川に通じる立地にあり、背後を断崖に守られた典型的な後堅固（うしごけんご）の城は、実戦への備えも万全だった。

犬山城以外にも、さまざまな目的で隠し部屋や隠しスペースを設けていた城は少なくない。すべては敵の目をあざむくためのものなのだ。

松江城の天守にある桐の「引き上げ階段」

国宝のなかで唯一の正統天守閣

日本の城で、江戸時代以前に建設された状態のままで保存されている天守は12あるが、そのうちのひとつがこの松江城だ。

松江城が高く評価されるポイントは、国宝のなかで唯一の「正統天守閣」であることだ。正統天守閣とは、信長の安土城や秀吉の大坂城に見られるような、実戦を想定してつくられた城という意味だ。

戦国の城は、天守の大きな屋根の上に360度を見渡せる望楼(ぼうろう)式の物見台を乗せて敵の動きを視察できるつくりになっていたのだが、それを今に残している貴重な城なのである。

築城が始まったのは、関ケ原の戦いから7年経った慶長12（1607）年のこと

松江城天守

で、関ケ原で手柄をあげ、出雲・隠岐両国を拝領した堀尾吉晴とその孫忠晴が建造した。

完成したのはその4年後で、家康が天下を取ってから11年が経っていた。しかし、現在も残るその姿を見ると、当時も戦国の緊張感が続いていたことがわかる。

取り外しができる階段

松江城にはほかの城にはないめずらしい設備がある。それが「引き上げ階段」だ。

この階段は、じつは国内の木材の中でもっとも軽い桐でできている。なぜなら、梯子（はしご）のように取り外しが可能なように設計されているからだ。

引き上げ階段（写真提供：松江城山公園管理事務所）

戦国時代、城は軍事施設であり、戦が始まると領民たちがこぞって避難する場所でもあった。そのため、いよいよ天守に攻め込まれたというときには階上に逃げて階段を外したのだ。そうすれば、それ以上の敵の侵入を防ぐことができたというわけである。

とはいえ、実物の引き上げ階段は非常にしっかりとしたつくりで、しかも現在は固定されているので、実際にどれだけの重量であるのかは想像するしかない。

ただ、ほかの現存天守に架けられている階段を見れば、なだれ込んできた敵兵の勢いを食い止める役目も果たしていただろうと考えられる。なぜなら、角度が急だからだ。たとえば、姫路城の地階から6階までの階段は、平均角度は約50度もある。

松本城や丸岡城の天守の階段も、階段というよりは梯子に近いもので、丸岡城にいたっては階段に沿って「登り綱」というロープが張られている。それを頼りにしなければ上り下りしづらいほどの急角度になっているのである。

城の階段が急なのは防衛の意味ではなく、単にそういう構造だったという説もあるが、大挙して押し寄せてきた敵兵にとってはやっかいな階段だったに違いない。

松江城は、ほかにも外部から見えない2階部分の壁に「石落とし」（30ページ参照）をつくり、石垣を登って侵入しようとする敵に攻撃する仕掛けになっていたりと、まさに実戦に備えた「戦う城」だった。

そのためか、外観にも姫路城などのような華やかさはない。明治6（1873）年に発せられた廃城令では廃城の対象になり、天守以外の建物は当時のお金で4～5円程度で払い下げられて撤去されたのだが、天守だけは地元の豪農らが資金を調達して買い上げた。そのおかげで、この城は取り壊されることを免れたのである。

丸岡城の階段

昼なお暗い熊本城の「闇り通路(くらがりつうろ)」

敵を待ち伏せするための場所

加藤清正といえば築城の名手だが、その功績のひとつが名城・熊本城である。熊本城には築城当時の最先端の技術が詰め込まれているとあって、城好きの中でもとりわけ人気が高い。

この城の特徴的なもののひとつに「闇り通路」と呼ばれる地下通路がある。熊本城は、高さ20メートルの石垣の上に大天守と小天守があり、その間をつなぐように本丸御殿がある。そのため、本丸御殿の下に通路をつくり、天守同士をつなぐ形になっているのだが、闇り通路は石垣の中につくられているので、外の明かりが入る窓がいっさいない。そのため昼でも暗く、ひんやりとした場所になっている。

天守閣に入るには「闇り御門」と、この「闇り通路」を通らねばならないのだが、

石垣の中にある闇り通路（ひごまるこ〜る /PIXTA）

城を守る者は通路の闇を利用し、侵入してくる敵を待ち伏せることができるようになっていたのだ。このような構造を見ることができるのは、日本の城のなかでも熊本城だけである。

明治10（1877）年の西南戦争では戦いの舞台となり、反政府軍である西郷陣営が攻め入ったことでも知られている（182ページ参照）。西郷隆盛をもってしても堅守と名高い城を落とすことはできなかったが、天守と本丸が炎上して焼失するなどしており、その歴史は波乱万丈だ。

平成28（2016）年には熊本地震により大きな被害を受けたが、現在着々と復旧作業が進んでいる。

鉄串が突き出ている高知城の「忍び返し」

現存天守に残る防御の工夫

高知城が創建されたのは17世紀に入ってからすぐのことだ。

初代城主は関ケ原の戦いでの働きにより土佐24万石を与えられた山内一豊で、築城から400年以上が経つ今もなお、南海の名城として知られている。

江戸時代に一度焼失しており、現在見られる天守は寛延2（1749）年に再建されたものだが、焼失を逃れた追手門や排水のための石樋（いしどい）、また本丸内の本丸御殿など15棟の建造物が当時の姿のまま残っている。こうした建築群が今なお残されているのは高知城だけとあって希少価値が高い。

高知城は平山城（ひらやまじろ）（平野の中にある城）で、どこからでも天守がよく見えるのだが、城内の通路にトリックがあり、一度天守に背を向けて別方向への進路を選ばない

忍び返し

とたどり着けないようになっている。
ほかにもさまざまな防御のための工夫が施されているが、なかでも注目すべきは「忍び返し」である。
忍び返しとは、敵の城への侵入を防ぐ代表的な仕掛けのひとつである。高知城のものは天守の北側の壁と石垣の境にあり、先端を尖らせたいくつもの長い鉄串が突き出しており、突破しようとすれば鉄串の餌食(えじき)になるというものだ。
熊本城などにも復元されたものはあるが、当時のもので現存しているのは高知城のみだ。外に向かって伸びるその鋭い先端からは、戦国時代の緊張感が伝わってくるのである。

伊予松山城の攻撃のための「石落とし」

敵を頭上から攻撃する装置

「石落とし」は防御機能のなかでもポピュラーなもののひとつで、石垣の上や天守、櫓(やぐら)などに真下に向かって穴を開け、そこから石を落として敵を攻撃する仕掛けだとされている。

だが、最近になって「石落とし」は、じつは石を落とすことだけが本来の目的ではなかったとする見方も出てきた。下に向けて開けられた隙間の縦幅は数十センチ程度しかなく、そこから敵を攻撃するサイズの石が落とせるとは考えがたい。

では、どういう使われ方をしていたのかというと、壁の隙間から矢や火縄銃で敵を攻撃していたようだ。いずれにしても、迫り来る敵から城を守るためのもので、多くの城に設けられた。なかでも愛媛県の伊予松山城の石落としは壮観だ。伊予

櫓の壁面に並ぶ石落とし（Hiroko/PIXTA）

松山城は標高132メートルの勝山山頂に建つ城で、現存12天守のひとつだが、天守は多くの門や櫓で守られており、その壁面にいくつもの石落としが設けられている。

最初の関門といえる筒井門を突破し、本丸にたどり着いたとしても、天守に至るまでには約200メートルの広場を抜け、3つの門をくぐり抜ける必要がある。その間、ずっと櫓の石落としや狭間（さま）からの攻撃を退けなければ、生きてたどり着けない構造になっているのだ。

この城は「賤ヶ岳（しずがたけ）の七本槍」の一人、加藤嘉明（よしあき）が築城を始めたもので、石落としのほかにも登り石垣、隠門（かくしもん）などが設けられた、堅牢な守りの城として知られている。

地形が人を寄せつけない竹田城

山頂に築かれた天空の城

霧の中に浮かぶ姿の美しさから、近年は「天空の城」として知られているのが竹田城だ。

標高353・7メートルの古城山の山頂にある山城(やまじろ)で、縄張(曲輪(くるわ)や堀、門などの設計)は羽を広げた鳥のような形で曲輪(城を石垣などで区別した区画)が配されている。

築城されたのは嘉吉年間(1441〜44年)で、山名宗全が家臣の太田垣氏につくらせたといわれる。その後は、羽柴秀吉の但馬攻めで落城している。さらに赤松広秀が入って以降、大規模な改修工事により現在の形が完成した。

構造は、最高峰にある天守台を中心にして梯郭式(ていかくしき)(130ページ参照)になっ

霧のなかに浮かぶ竹田城

ており、南に南二の丸と南千畳、北東に二の丸と三の丸と北千畳、西に花屋敷が続いている。

規模としては南北約400メートル、東西約100メートルで、この標高につくられた城としては堂々とした大きさを誇っている。

城下には円山川が流れており、季節や天候、温度などの条件が整えばここから霧が発生する。それが悠然とした城の姿を包み込み、まるで雲のなかに城が浮かび上がっているような幻想的な風景を見せてくれる。

地形を味方にした城づくり

城は防御施設なので、守りやすく、攻めに

くいのが良い。その点、山城はただでさえ攻めにくい。下から見上げただけでは城の構造がわかりにくく、どこからどのようにして攻め込めばいいか、作戦の立てようがないのだ。

どこに何があるかもわからない敵の陣地の山に登り、敵を退けたうえで城を攻め落とさなければならないというのは、寄せ手にとっては心理的な重圧となる。

しかも、竹田城は標高353・7メートルで、周囲に平地がないので、攻め込む側から見た場合は兵が待機したり装備を置いておく場所がなく、攻めあぐねたはずである。

このような地形の場所に城をつくったこと自体が城を守るための最大の防御法となっているのである。

逆に守る立場にしてみれば、下から登ってくる敵兵に対して城のいたるところから狙い撃ちすることができる。自分たちの姿を見せることなく弓を射ることができるので、城の防御という点では有利に進めることができるのだ。

今も見られる山城の痕跡

戦国初期につくられた城は、この竹田城のように立地の工夫がなされている。とくに、日本は山岳部が多いので、古い時代より標高の高い場所に多くの山城がつくられてきた。古くは奈良時代、現在の宮城県多賀城市につくられた多賀城がよく知られている。

中世になると、山城はあくまでも戦の際の防御施設としてつくられ、ふだんの生活は山のふもとにつくられた別の居城ですることも増えた。

しかし、なかには武田氏がつくった要害山城や、朝倉氏がつくった一乗谷城のように長期滞在のためにつくられ、長い戦に備えた山城もあった。

山城は後年になって人口密集地となる平野にはないので、遺構として今も残っているものが多い。島根県安来市の月山富田城、大分県竹田市の岡城などは、今もその痕跡を見ることができる。

また、岐阜県恵那市の岩村城、奈良県高市郡の高取城、岡山県高梁市の備中松山城を合わせて「三大山城」と称する場合もある。

島全体が城になっている能島城

海上軍事力を誇った海賊の城

海に囲まれている日本では、戦国時代より前から海で権力をふるう海賊が存在していた。海賊というと、船を襲撃したり乗っ取ったりするような集団をイメージするかもしれない。中世の海賊衆はたしかに略奪行為も行っていたが、船の検問を行う関所の役目もしていた。やがて戦国時代になると守護大名から海上軍事力として組み入れられるようになり、江戸時代になると水軍と呼ばれるようになる。いわば海賊は〝海の武士〟だったのだ。

よく知られているのが瀬戸内海の村上水軍や、志摩の九鬼水軍などだ。このような水軍の本拠地である城は「海賊城」と呼ばれ、津軽から沖縄までの海岸や島に多く築かれていた。なかでも瀬戸内海の村上水軍の能島城はひとつの島全体を城郭化してつくられた城だ。能島の周囲には時速約18キロメートルの潮流が渦巻いており、容易には島に近づけない。高度な操船技術を持つ者だけが潮の流れを読み、上陸することができる。海流を利用した天然の要害となっているのだ。

能島（中央左寄り）とそれを囲む海

城の主要部である本丸は島でもっとも標高の高い山の上を削り、石垣を築いて設けられた。その周りには二の丸や三の丸、出丸を備えており、海に面した岩場が軍港になっていた。そのため、海賊城があった島や岩礁には、たくさんのピット穴の跡が残っている。この穴に柱を突き立てて桟橋の支柱としていたのだ。そして、いざ戦が始まるとこの支柱を抜いて、桟橋を外し、敵の船が接岸できないようにしたという。

天然の波よけ大障壁を持っていた三崎城

北条早雲の水軍の拠点

神奈川県三浦市近辺は、かつて相模三浦氏が支配する地域だった。その相模三浦氏の居城だったのが三崎城だ。現在の神奈川県三浦市城山町付近にあったとされている。築城年代などはわかっていないが、もともとこの場所には鎌倉時代後期につくられた海賊衆の基地があったといわれる。それをもとに、相模三浦氏が居城としてつくりかえて城にしたのだが、その相模三浦氏は戦国時代の初期に後北条氏によって滅ぼされ、そのあとは北条早雲が北条水軍の重要拠点として三崎城を活用するようになった。

当時の北条氏は、房総半島で勢力を広げていた里見氏と敵対しており、里見水軍の襲来をたびたび受けた。房総半島と三浦半島は海をはさんで向き合っており、

○印が三崎城のあったとされる場所。手前の城ヶ島が天然の波よけとなる。(写真提供：時事通信フォト)

海を舞台にした二大勢力の熾烈な争いの場だったのだ。弘治2（1556）年には三崎・三浦海戦が起こり、この三崎城の周辺も一時は里見氏の手に落ちた。そこで北条氏は三崎城を整備した。

城の東側には城ケ島があり、衝立のように立ちはだかっている。それが天然の波よけになり、城を守っているのだ。

三浦半島の最南端は相模灘から荒々しい波も押し寄せてくるが、三崎城がそれをまともに受けることはない。だが、海から軍船で攻めようとするのは困難なのだ。さらに、船の係留や造船基地としても都合がよく、水軍の基地としてうってつけだったのだ。

周囲から見えないように築かれた小諸(こもろ)城

城下町よりも低い場所にある城

本丸は城郭の中心をなす部分であり、戦のときには最後の拠り所となる場所だ。そのため、簡単に攻略されないように通常、堀で囲まれ、高い石垣の上に築かれる。

しかし、小諸城は違う。城の玄関口である大手門がもっとも高い場所にあり、そこから坂を下っていく。つまり本丸が、一番奥のもっとも標高の低い位置に築かれているのだ。

しかも、一般的に城はその土地の中で標高の高いところに建てられるという常軌を逸し、城自体が城下町よりも低い位置にある。そのため、城郭の構造としては平山城なのだが、別名〝穴城〟と呼ばれているのだ。

小諸城のこのような特殊なつくりの原因は地形だ。小諸は浅間山の山裾に広がっ

大手門からゆるやかに下った先にある「三之門」（©663highland）

ており、さらに小諸城が築城された土地は約1万6000年前の噴火で千曲川方面に火砕流が流れ、それが固まって堆積してできている。

そのため、奥にある本丸の裏手は断崖になっていて、その下には千曲川が流れている。また、この火砕流の台地は侵食によって北側と南側が削られて深い谷になっており、これが空堀の役目を果たしている。つまり、城を築くのにふさわしい天然の要害だったというわけだ。

一般的に、本丸を縄張（130ページ参照）の中心に置かない城は戦闘の守りに弱いとされているが、これだけの条件が整っていれば、縄張の中心になくても低地にあっても問題なかったのである。

姫路城の迷路のような「螺旋(らせん)式縄張」

美しい城の複雑怪奇な構造

最初に姫路城がつくられたのは、南北朝時代の初めとされている。豊臣秀吉が姫山に三重の天守を築きあげて、これを姫路城と名づけた。その後、徳川家康が池田輝政に命じて現在の城の形にしたのだが、大天守が完成したのは慶長14（1609）年のことだ。

さらにその後、本多忠政が西の丸を増築するなどして、複雑な縄張を持つ日本有数の巨大な城郭が完成したのである。

現存する城のなかでももっとも大規模な城ともいえる姫路城には、さまざまな意匠が凝らされているが、なんといっても特徴的なのはその縄張だ。

縄張とは曲輪(くるわ)（城を石垣などで区別した区画）や堀、門などをどう配置するかという計画のことだ。

城が要塞としていかに優れているかは、その縄張によって決定するものだが、姫路城は螺旋状に堀がつくられている。防御線が城の北を拠点にして、左回りの三重の螺旋構造になっているのだ。

これは姫路城と江戸城にしか見られない、とても珍しい構造といっていい。この縄張の形は家康が池田輝政に命じたものだとされ、そこには江戸と姫路で巨大な渦をつくり、その間にある秀頼と淀殿の大坂城を飲み込んでやれという家康の意志が秘められている。

ちなみに、江戸城の螺旋構造は左回りではなく、右回りだ。江戸城と姫路城で、あえて逆方向の渦を起こすという意匠ともいわれる。

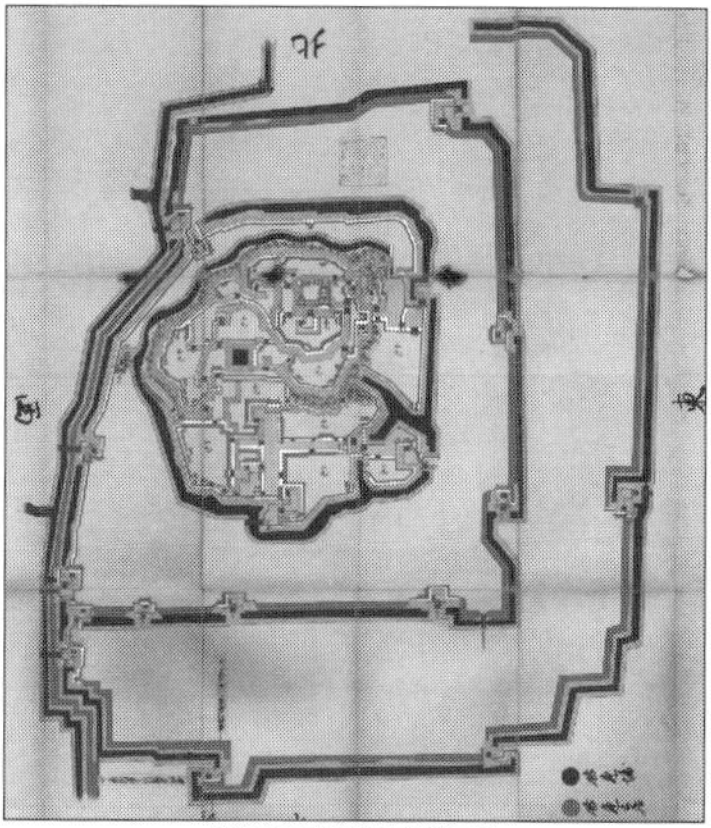

「播磨国姫路城絵図」

その結果、城内はとてつもなく複雑なつくりになっており、菱の門、備前丸、井戸曲輪など、城内のいろいろな場所から大天守を眺めるとすべて異なる形に見える。このような城はほかに例がない。

侵入した敵兵を確実に減らしていく

ところで、なぜこのように複雑な螺旋構造にしたのだろうか。

そこには、城の防御に対する家康の熱意がある。万が一に敵兵が城内に侵入したときのことが、じつに綿密に考え抜かれているのだ。そのことは、侵入した敵兵の動線で考えてみればよくわかる。

大手門である「菱の門」から入って大天守をめざすには、ふたつのルートがある。まず、最初の「いの門」までは同じだ。そして、このまま「い・ろ・は」と順番に進んでいけば最短距離で大天守にたどり着くように思われる。

しかし、じつはこのルートは遠回りになっているのだ。「ろの門」から「はの門」へと進むと、門を挟む東土塀・西土塀が行く手の視界をさえぎっているので敵兵

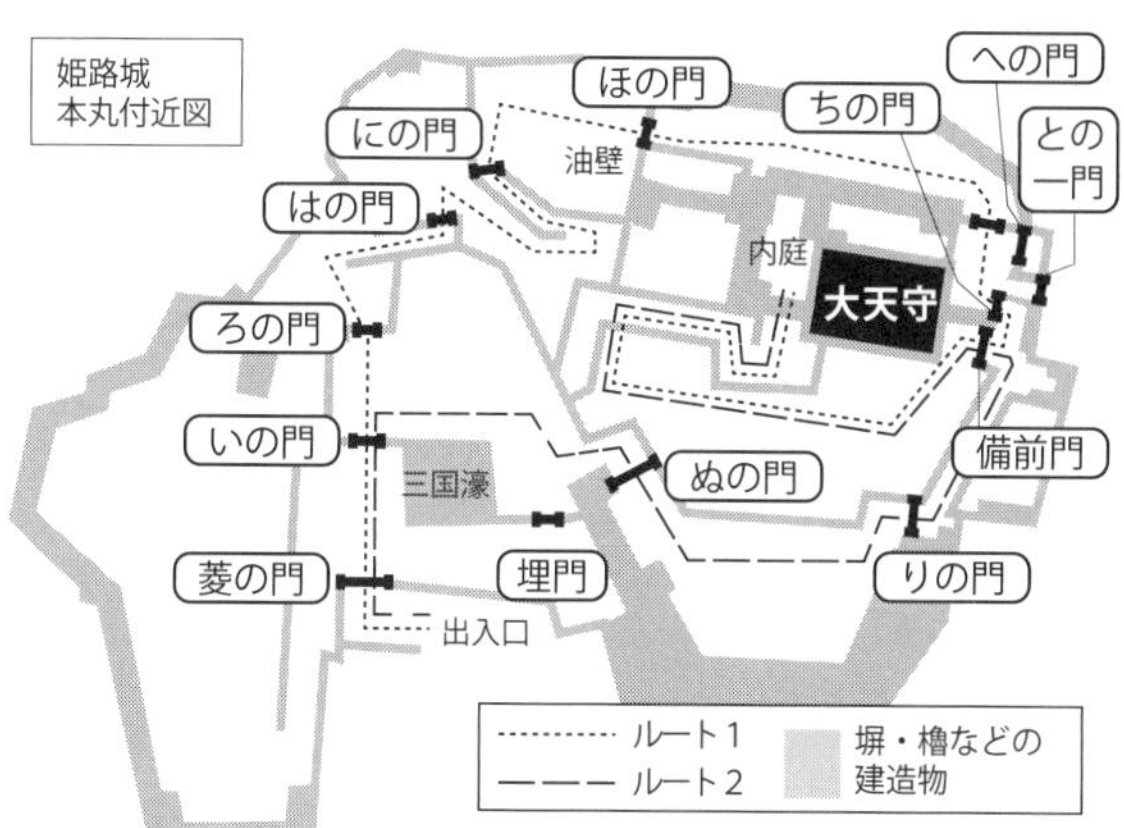

は不安になる。

しかも、次に「にの門」へ行くには、いったんU字にカーブしなければならないので、城内の敵兵に背中を向けることになる。当然、背後から矢で狙われてしまうのだ。そうして、なんとかして「ほの門」にたどり着いても、そこには人間一人がやっと通れるほどの狭い門しかない。いうまでもなく〝大渋滞〟が起こり、全員が通り抜けるまでかなりの時間がかかる。

しかも道は再びカーブとなり、ここからさらに天守群を一周回らなければならないつくりになっている。

さらに、道はこれ以降いきなり下り坂になる。天守閣に近づきたいのだから、道は登っているはずなのに下り坂なので、精神的なダメージはかなり大きい。こうして、敵兵の戦意は喪失してしまうというわけだ。

戦意を奪う巧妙なつくり

一方、本来のルートは、「いの門」から「ぬの門」に進む道のほうだといわれている。しかし、だからといってそう簡単にはいかない。

豪華な3階建ての櫓(やぐら)門である「ぬの門」を抜けると、いきなり周囲が高い石垣と城門に囲まれた場所に出る。つまり、あらゆる方向から集中攻撃を受けるのだ。

それでも、どうにかしてそこを抜けると「りの門」に出るが、そこにも太古櫓や多門櫓（206ページ参照）などがあり、しかも周囲には狭間(さま)（80ページ参照）が無数にあって矢が雨あられと飛んでくる。

さらに、その攻撃をかいくぐって先へ進むと、次は「備前門」が待っている。門扉や柱などが鉄で覆われた堅牢な扉だが、じつは隣の折廻(おれまわり)櫓と2階部分でつながっている。

つまり、折廻櫓のほうに矢を構えた兵が待っているというわけだ。

そこを必死の思いで通り抜けても、さらに複雑に折れ曲がった「水の四門」「五門」「六門」を無事に通り抜けなければならず、いったいいつになったら天守閣にたどり着けるかわからないという複雑な構造なのだ。

守る側としては、敵兵が入り込んでも確実にそれを撃ち倒して減らしていき、しかもその戦意を奪っていくという、巧妙に考え抜かれた構造の城になっている。

現在、見学者としてこれらのルートを歩くとその複雑な構造がよくわかるが、実際の戦のときにこの道を無事に通り抜けるのは至難の業だった。まさに「実戦」を意識してつくられた城なのだ。

これほどまで考え抜かれてつくられ、複雑な構造をした姫路城だが、400年もの間、一度も戦場になったことがない。

その要塞としての優れた築城術が一度も実戦に反映されることがなかったのは、ある意味で歴史の皮肉ではある。

地形を最大に利用した宇和島城の縄張

平山城と水城を兼ねた名城

小高い山や丘の上につくられた城を「平山城（ひらやまじろ）」、海や川、湖などに面してつくられた城を「水城（みずじろ）」というが、愛媛県宇和島市にある宇和島城はその２つを兼ねている。今は市街地の高台にあるが、かつては城の北側と西側はリアス式海岸の宇和島湾に面していたのだ。

この宇和島城をつくったのは、築城の名手として名高い藤堂高虎だ。宇和島を拝領した高虎は、慶長元（１５９６）年になってもともと丸串城があった跡に宇和島城の建造を開始したのだ。このとき高虎が行ったのが、地形をたくみに生かした縄張づくりだった。高虎は、不等辺五角形の平面の中に曲輪（くるわ）や堀、門などを配置したのだ。

この縄張は「空角の経始(あきかくのなわ)」と呼ばれている。サイズは海を臨む北辺が450メートル、西辺は800メートルある。そして地続きの東辺は750メートル、南辺は500メートル、そして東南になる辺は450メートルになる。

じつは、不等辺五角形にしたのには狙いがあった。宇和島城の縄張は一見すると四角形に見える。敵は四角の縄張をイメージして攻めてくるので、一辺が完全に死角になるというわけだ。その死角は物資の搬入や抜け道、そして攻撃にも使える。敵が錯覚することを計算したつくりになっているのだ。

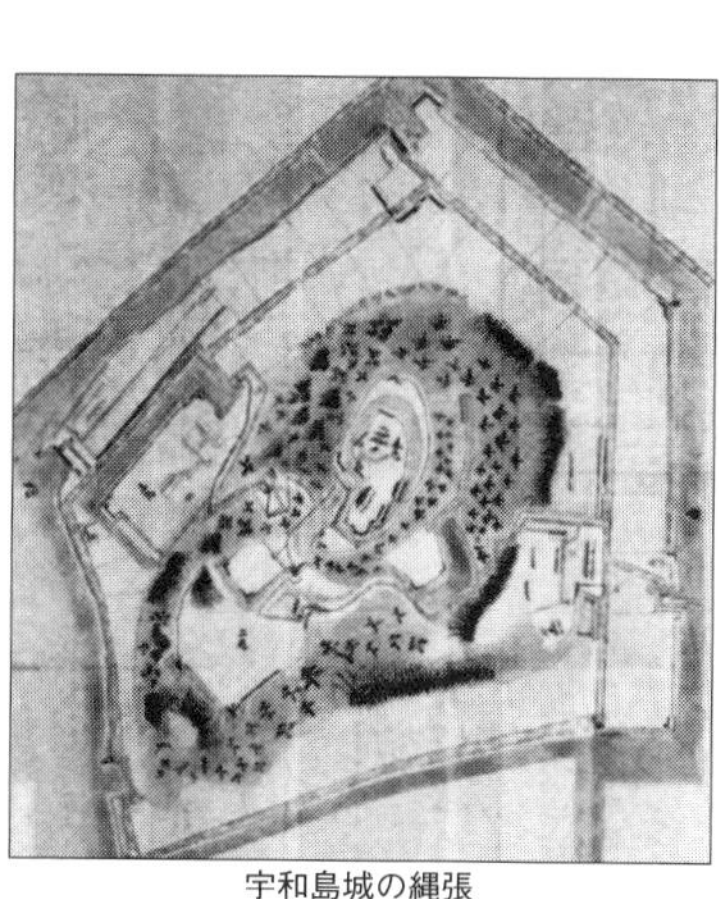
宇和島城の縄張

実際、密かに城の情報収集を行っていた幕府の隠密が「四方の間、あわせて十四町」と密書に記して送ったという記述も残っている。幕府も高虎の戦略にまんまとだまされたというわけだ。

星の形で敵を防ぐ五稜郭

守りにも攻めにも効率的な形態

数ある城のなかでもっとも変わった形をしたものといえば、函館の五稜郭だろう。設計にあたったのは、西洋の軍学や築城術に詳しい伊予の蘭学者・武田斐三郎だが、建築にあたって武田が採用したのは稜堡式の城だった。

稜堡式とは、星形要塞ともいう。もともと中世のヨーロッパで生まれた城郭の形式で、おもに大砲による攻撃に対抗するために考え出されたものだ。

それまでの城は砲撃を受けると、正面からもろに砲弾を受けて短時間で簡単に崩壊しやすかった。そこで考え出されたのが稜堡式だ。星形なので、三角形の突端部分がいくつもある。この形態であれば、大砲の攻撃を受けても簡単に壊れないほどの強固さが得られる。

また、攻めてくる敵兵に対して正面からも側面からも攻撃をすることができる。
つまり、突端に挟まれた鋭角の間に敵兵が入り込めば、左右の面から同時に攻撃ができるということだ。そうすると死角ができないので確実に攻撃できる。こんなメリットもあったのだ。

上空から見た五稜郭
（写真提供：北海道新聞社／時事通信フォト）

五稜郭もそれを意図して、南側に稜堡式らしい特徴を出した。攻めてくるとしたら南方から船や軍により砲撃されることが考えられたために、南側だけが稜堡式になっているのだ。実際には五稜郭が外国勢から攻撃されることはなかった。その代わり明治元（1868）年に、旧幕府軍と新政府軍とが戦った箱館戦争の舞台になった。

小田原城の「小峯御鐘ノ台大堀切」

山の尾根を鋭く切り取った堀

麓の土地を見下ろすことができる山城は、敵の侵攻を困難にするだけでなく、視界を広く確保できるために戦いを有利に運ぶことができる。

しかし、日本の山の多くは尾根で隣接する山とつながっていて、独立してそびえる山は少ない。そのため、尾根づたいに敵に侵入される危険と常に隣り合わせだった。

そこで、防御のために尾根を断ち切ったのだが、それが「堀切」だ。

北条氏の難攻不落の城として知られた小田原城には、国指定史跡である「小峯御鐘ノ台大堀切」という、その名のとおり巨大な堀切がある。

JR小田原駅近くの八幡山に、尾根を切り取った東堀、中堀、西堀の3本を見

小峯御鐘ノ台大堀切

ることができるのだ。当時の状態がもっともよく残っている東堀は、深さが約12メートル、幅は約20～30メートルにもなる。

もし敵が尾根づたいに城に接近してきても、いきなりこんな大きな堀が出てきたら、どうしたって飛び越えることはできない。

また、意を決して急な壁を滑り降りたとしても、傾斜が50度もあるV字型の谷を登ることは簡単なことではないのだ。

八幡山のこの堀切は、豊臣秀吉の小田原攻めの直前に完成したのだが、現在は堀の底を散策できるよう整備されている。そこに立ってみれば、攻め込んでくる秀吉軍への必死の抵抗を体感することができるだろう。

弘前城を取り囲む土塁

堀を掘った土を盛って城を守る

城をつくる際にもっとも重視されるのは、城全体の設計図である縄張だが、山や丘陵地などの自然の地形に頼るだけで防衛力としては何とも心もとない。そこで敵が城に侵入するのをはばむために、古くから取り入れられていたのが「土塁」だ。

土塁とは堤防のように土を高く盛って城を取り囲む防衛設備で、多くは堀とセットでつくられた。堀を深く掘ったときに出た土を堀の内側に盛って、それを固めることで土塁にしたからだ。

ところで、城というと石垣の上にそびえ建つ天守閣というのが一般的なイメージだが、東日本には石垣の城は意外と少なかった。むしろ土塁で囲った城のほうが一般的で、なかには石垣を用いずにすべて土塁で築いた城もあった。

弘前城の追手門近辺の土塁

その理由としては、石垣に適した石が少なかったからだといわれているが、土塁は明治の廃城令の際にその多くが取り壊されてしまった。そのため現在、当時の土塁を見ることができる城は限られている。

なかでも、ほぼ築城当時のまま残っているのが青森県の弘前城である。弘前城の城門はどれも壁に囲まれた枡形虎口（72・84ページ参照）になっているのだが、その壁になっているのが土塁なのだ。一見、土と草の素朴な光景が広がっているように見えるが、ここに誘い込まれたら三方からいっせいに弓矢や銃弾が襲い掛かってくるのだと想像すると、この空間が突然、激戦の地に見えてくるのである。

難攻不落のカーブを描く熊本城の「武者返し」

忍者も登れない急カーブの石垣

築城名人のひとりとして知られた加藤清正によって築かれた熊本城は、日本一の難攻不落の城といわれている。

敵の侵入を防いできた仕掛けのひとつが高石垣である。

熊本城の建築物は、多くが焼失などにより失われたものが復元されている。しかし、石垣の一部は400年以上前に組まれたものがそのまま残ってきたのだ。2016年に起きた熊本地震によって崩れる被害に遭ったが、その後の積み直し作業によって大天守の石垣は元の姿を取り戻し、そのほかの部分についても復旧が進んでいる。

中国や韓国の城にも石垣はあるが、ほとんど垂直につくられている。だが、日

熊本城の高石垣（©663highland）

本の城の高石垣は、緩やかな勾配がついているのが特徴だ。

熊本城の大天守の高石垣は高さが20メートルもある。富士山の裾野のような美しいカーブを描いていて、下のほうは傾斜30度と緩やかなのでそこだけ見ると急峻さは感じない。

ところが、勾配が緩やかでもきれいに石を成形してあるため、表面がつるつるしていてそう簡単に登れる代物（しろもの）ではない。

また、登ったとしても上に行けば行くほど石垣は反り返り、それ以上は登ることができない。武士はもちろん、鍛錬を積んだ忍者でさえも登れなかったことから、この高石垣は「武者返し」と呼ばれているのだ。

五稜郭の石垣につくられた「刎（は）ね出し」

忍者も登れないようにつくられた石垣

五稜郭は、箱館（函館）港に入港する外国の軍艦からの防衛を目的として、ヨーロッパの築城書を参考に設計された。当時の函館には城はもちろん、いかなる防御施設もなかったからだ。

そのためか、稜堡（りょうほ）式（50ページ参照）の城郭はもちろん、石垣にもヨーロッパの工法が採用されている。

石垣は城の防御に欠かせない建造物だが、それだけでなく、地盤を固められるために斜面のギリギリまで建物を建てることができるというメリットもある。

ただ、忍者のような身軽な者であれば登ることも不可能ではない。そこで、五稜郭の石垣は最上部から2段目が張り出す構造になっている。これは「刎（は）ね出し」

刎ね出し

や「忍び返し」といい、障害物をつくることで石垣からの侵入を防いでいるのだ。

幸いにして五稜郭は外国との戦闘に使われることはなかったが、戊辰戦争では新政府軍と旧幕府軍の最後の戦いの舞台となった。

この戦いに敗れたのは、五稜郭を占拠していた榎本武揚率いる旧幕府軍だった。

本来ならば、五稜郭の出入り口を守る要塞が５つ必要だったところ、築造を急いだためにひとつしかつくられていなかった。その弱点を突かれて新政府軍に大砲で砲撃されてしまったのである（51ページ参照）。

その結果、旧幕府軍は降伏し、明治時代の幕開けとなったのだ。

一度落ちたら上れない山中城の「障子堀（しょうじぼり）」

丁字を組み合わせて進行させない仕掛け

城の強さを決める要素のひとつが堀だが、そのなかでも最強といわれるのが山中城の「障子堀」と「畝堀（うねぼり）」である。山中城は、後北条氏によって小田原城の防衛のために築城された。急峻な斜面に囲まれた山城で、南北は急な崖になっていて、東西の尾根にはたくさんの堀をつくって防御力を高めていた。

この畝堀と障子堀は、後北条氏の特徴的な築城技術のひとつで、堀底に土手状の畝を障壁として掘り残すものだ。単列で等間隔に梯子（はしご）状になっているものが田畑の畝のように見えることから「畝堀」、複数列で障子の桟（さん）のように見えるものが「障子堀」と呼ばれる。ただし、実際に見ると、複数列の障子堀は中央の幅広い畝から両側に向かって直角かつ交互に細い畝を伸ばしていて、丁字の組み合わせのよ

障子堀

うになっている。障子の桟のように十字にはなっていないのは、敵をすんなりと直進させないための工夫なのだ。

畝堀にしても障子堀にしても、一度堀底に落ちたらまず這い上がれない。というのは、山中城では堀そのものの深さが9メートル以上もあり、堀底の畝の高さも1・8メートルある。畝は平均55度という急傾斜で、自力で登るのは至難の業だ。しかも、滑りやすい関東ローム層の地質で、甲冑などの重い装備を着けていてはなおさら登るのは不可能に近いのだ。

だが、この山中城も豊臣秀吉の大軍には歯が立たず、天正18（1590）年、わずか半日で落城したといわれる。

幅75メートルを超える大坂城の堀

幅75メートルの堀や城下町を囲む惣構の堀

大坂冬の陣で豊臣家を滅亡に追い込んだ徳川家康は、豊臣家との和睦の条件のひとつを「堀を埋めること」とした。それだけ家康が大坂城の堀に苦しめられたという証拠である。大坂城は本丸の周りに「内堀」と呼ばれる堀があり、その外側に二の丸を配置し、二の丸の周囲をさらに「外堀」と呼ばれる巨大な堀が囲んでいた。この外堀は両側が石垣で畳まれ、幅が75メートル以上もあり、石垣の高さが30メートル以上あったという。

しかも、秀吉はこの内堀と外堀に加えて城の守りを完璧にするため、晩年には「惣構(そうがまえ)」を築いている。惣構とは、城の一番外側の防御施設のことである。外堀の外側は豊臣恩顧の大名の屋敷や商人たちの町屋が広がる城下町となっていたが、

大坂城の水堀

秀吉はこの城下町全体を堀と土塁で囲むことにしたのだ。

北側は淀川を天然の堀とし、東側は本丸から0・5キロメートルのあたりの猫間川を改修して堀とした。西側は本丸から約1・4キロメートルのあたりの運河を掘り直し、南側には本丸から約1・5キロメートルのあたりに空堀を掘った。この惣構の堀は総延長8キロメートルにもなったという。

また、近年の発掘調査で、大手門前の三の丸があったと考えられる付近で大規模な堀が見つかった。石垣を使用しない素掘りの土手で、深さ6メートル、幅25メートル。これではさすがの徳川軍も大坂城を落とすのが困難だったわけだ。

監視と防備の機能が詰まった松江城の「附櫓（つけやぐら）」

天守内部に入るまでの幾多の罠

櫓は、城内から敵の動きを監視するいわば見張り塔で、天守とは独立して建っていることが多いが、なかには松江城のように天守の入り口に取りつけられたものもある。松江城の天守の内部に入るためには、まずはこの「附櫓」に入らなければならないのだが、もちろんすんなりと天守につながっているわけではない。

まず出入り口は、観音開きの頑丈な鉄延板張りの大扉になっている。そして、扉のすぐ上には鉄砲を撃つことができる武者窓、左右には近づく敵に石を投げられるよう石落とし（30ページ参照）が設けられている。

さらに進むと桝形（ますがた）の小広場が2段あるなど、あらゆる面で防備が厳重になっている。そう簡単には城内に入れないのだ。

松江城天守と附櫓（右手）

附櫓の中の階段を上がると、ようやく天守内部に入ることができるのだが、一段上がってもそこはまだ石垣の中で、薄暗いスペースになっている。ここは倉庫を兼ねていて、籠城戦になったときのために米や塩などの物資を保管していたという。

さらに、城の内部でありながら、深さ24メートルまで掘り下げた井戸もある。これで飲料を確保していたのだ。

ちなみに、城内部の井戸は名古屋城や浜松城にもあったというが、現存するのは松江城だけだ。松江城は、築城の名手である堀尾吉晴とその息子忠氏が生きた当時を感じることができる城なのである。

長岩城跡に残る銃眼のある石積み櫓

20センチ角の鉄砲狭間

大分県中津市には、日本三大奇景のひとつである耶馬渓という地がある。そこに、建久9（1198）年に長岩城が築かれた。築城主は豊前国（現在の福岡県東部と大分県北部）にあった城井谷城の城主、宇都宮信房の弟の重房だ。重房は地名の野仲氏を名乗り、以後22代、390年にわたってこの城は野仲氏の居城となった。

中世の山城は全国に多数確認されているが、そのなかでも長岩城の規模は大きい。そして、そのシンボルともいえるのが銃眼のある石積み櫓だ。

長岩城は、標高530メートルの扇山頂上に本丸があり、そこから尾根を伝ったところに連なる山に西之台、東之台という曲輪があり、谷を挟んで向こうの岩山には出城がある。出城とは、城の中心である本丸から離してつくられる、戦い

山中に残る石積み櫓（写真提供：中津耶馬渓観光協会）

の最前線にある城のことだ。銃眼のある石積み櫓は、その出城にある。

平たく切った石を積み上げてつくった櫓は、上から見ると船のへさきのように丸みのあるV字型をしている。高さは今も2メートル以上あるが、その中ほどに20センチメートル角の小窓が3カ所開いている。これはいわゆる鉄砲狭間（ざま）だ。この石の櫓の中から敵の侵入に目を光らせ、戦になれば、攻め上ってくる敵を火縄銃で狙ったものと考えられている。

このような石積みの遺構は山中に約20カ所あり、山の斜面の石塁も総延長700メートルにもなる。ここが激しい戦場だったことを物語っているのだ。

コンクリート並に硬い姫路城の「油壁」

壁土に油を混ぜた?

姫路城本丸の大天守を背にして歩いていくと、「ほの門」をくぐった先に少し変わった塀がある。姫路城の壁はほとんどが白漆喰(しっくい)で塗り込まれているが、この塀だけは黄土色で、しかも横にすじが入っているのだ。あきらかにほかとは異なる材質やつくり方である。

これは、「油壁」と呼ばれるもので、ここ一カ所しかない。幅5・2メートル、高さ2・8メートル、底部の厚さが1・2メートルもあるのだが、とても強固で、矢はもちろん、鉄砲の弾もはじき返すのではないかと思われるほど堅牢だ。

ただし、その素材は謎である。砂と粘土を塗り固めたものに米のとぎ汁を混ぜている、壁土に油を混入している、もち米の煮汁を混入しているなどの説があるが、

姫路城の油壁

詳細は不明だ。

間違いないのは、「版築(はんちく)」という手法でつくられていることだ。

これは奈良時代からの工法のひとつで、左右に立てた木枠の間に壁土を少しずつ積み上げていき、そのたびに上から棒で突いて強い圧力をかけて固めていく、というやり方だ。手間はかかるが固い塀ができる。

なぜこの塀だけが異なる工法を採用されたのかという疑問については、おそらく天守閣へのルート上で次に控えている「水の一門」に達するまでの時間稼ぎとしてつくったのではないかといわれている。ただし、これも推測であり、真偽は今もわかっていない。

名古屋城を堅牢にした「剣塀（つるぎべい）」

秀頼を封じ込めるための拠点

名古屋城は徳川家康が建てた城のような印象があるが、じつはその場所には、もともと大永元（1521）年に今川氏が建てた那古野（なごや）城という城があった。一時は織田家の居城となり、幼少期の信長が住んだこともあった。さらに林秀貞が住んだ後には、廃城として放置されていた。家康は、それをもとに名古屋城を築いたのである。

築城が始まったのは、慶長14（1609）年のことだ。江戸幕府を開いた家康が、大坂の陣に向けて豊臣秀頼を封じ込めるための重要拠点とすることが目的だった。

築城は加藤清正、黒田長政、福島正則など、城づくりの名人に命じて行わせ、建設に携わった人夫の数が20万人にものぼる大工事だったといわれる。

槍の穂先が並ぶ剣塀

敵が入り込むのを防ぐための仕掛けのなかで、名古屋城独特のものとして知られるのは「剣塀」である。

大天守閣と小天守閣をつなぐ橋台といわれる部分は、石垣を築いて左右両側に土塀をつくり、通路の防備をしてある。その外側に面する部分には、軒桁に30センチメートルあまりの槍の穂先が外側に向かってぎっしりと並べられている。これが剣塀だ。忍び返しになっていて、おもに忍者が天守閣に侵入するのを防ぐためのものだったと考えられている。

なお、同じものは大天守閣に接している「不明門」にもあり、これらの剣塀はいまでは名古屋城の名物のひとつになっている。

江戸城を守る強固な「枡形門（ますがたもん）」

門が二重になった枡形門

城をつくるうえで重要なのが門だ。

敵の兵が城内に入ってくるとすれば、ほとんどは門からだ。その門のところで、いかにして敵を食い止めたりダメージを与えたりするかが大きなポイントになる。そのためには、どんな門にするかを考えなければならない。

そこで考え出されたのが、「枡形門」という形だ。上から見ると、枡のような四角い形をしていることからこの名前がついた。強固な石垣で四方を固めて、その空間に兵たちを足止めして攻撃を加えるのだ。

江戸城には、その枡形門が数多くつくられており、一説によると36もあったという。あくまでも「それほど多い」ということを表すための数字で、実際に36も

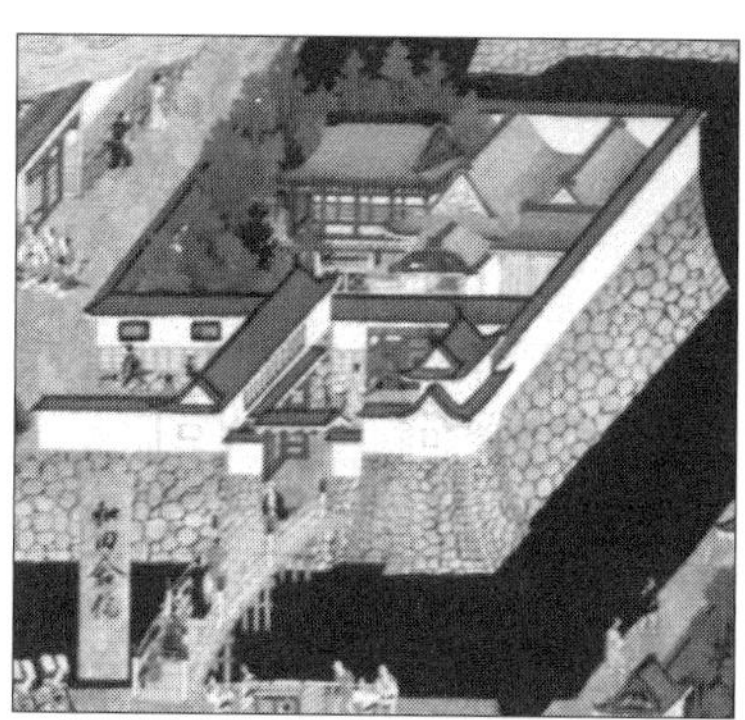

江戸城の和田倉門（「江戸図屏風」より）

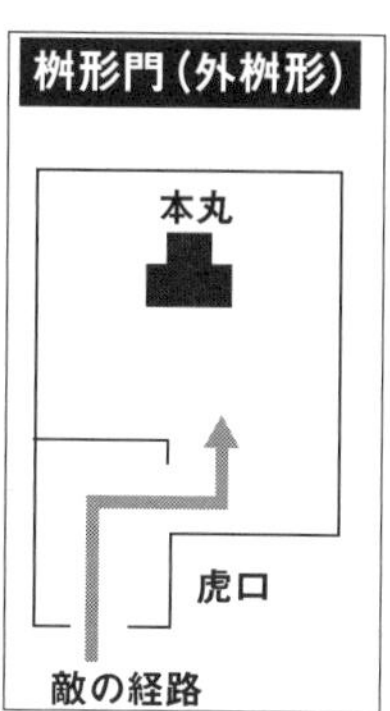

つくられたかどうかは確認されていない。しかし、ほかの城に比べてかなり多かったことだけは確かだ。

この枡形門が優れているのは、門が二重になっている点だ。外部から城に侵入しようとする兵の立場で考えてみると、まず最初に高麗門（こうらいもん）がある。柱の上に屋根をかけて守りを固めた大きな門で、まずこの城外側の門を通り抜けなければならない。

高麗門を過ぎると、そこが枡形の空間になっている。この空間を通り抜けて、城内に入るための第二の門を通らなければならない。ふつうは左右のどちらかに曲がった先に次の門があるのだが、しかしそう簡単にはいかない。第二の門のところには櫓門が構えており、その上から矢や鉄砲で狙われるのだ。

櫓門の上からだけではない。枡形を形づくっている石垣の上にも弓矢や鉄砲を構えた兵が待ち構えている。

つまり、枡形の四角い空間は、侵入した敵兵をそこに留まらせて上から攻撃するための仕掛けなのだ。高麗門を通って中に入り、さあ、いよいよ城内突入だというときに、いきなりまわりから一斉攻撃を浴びてしまうというわけだ。

四方を固めた空間で一斉攻撃

当時、このような枡形門が江戸城を囲む外堀のすべての門につくられていたといわれる。そして、その門のひとつひとつを大名や御家人などが担当し、鉄壁の守りを固めていたのだ。また、この枡形の空間は、城内から外へ出陣するときの兵の集合場所としても使われたといわれる。

ちなみに、高麗門を通り抜けると、次の櫓門は右側につくられていることが多い。じつはこれにも理由があり、枡形に入り込んだ兵たちが反撃しにくいようになっているのだ。弓矢を使う場合、右利きの人間は体の左半分を建物などで隠し、右半分を相手に見せながら射ることになる。もしも櫓門が左にあれば、左半身を隠して右側から弓を射ることは簡単だ。しかし櫓門が右側にあれば、右半身が無防備のままで弓を射なければならない。つまり、それだけ攻撃を受けやすくなるのだ。

これらの門は、今も桜田門、半蔵門、大手門、馬場先門といった地名として残っている。それらの場所では、かつて江戸城内へ侵入しようとして枡形の中で倒された兵たちが大勢いたのである。

また、大手門は江戸城の正門であり、とくに警備が厳重だったといわれる。

大手高麗門から大手門方面を見たところ

名古屋城にひそかにつくられた「埋御門（うずみごもん）」

見つけるのが難しい門

名古屋城は、豊臣との戦いを前提にして徳川家康がつくり上げた城だ。そのため、城内のいろいろなところに万が一のときにそなえた仕掛けがつくられている。

そのなかのひとつに「埋御門」がある。現在の二の丸庭園の奥にあるのだが、簡単には見つけられない。というのも、つくられた当時から目立たないようになっており、名前のとおり埋められているかのような門だったためだ。しかし、この門はふだんは使われなかった。いざというときの脱出ルートだったのだ。

いよいよ城が危ないという事態になると、城主はこの門に逃げ込む。すると、ほぼ垂直の石段が伸びており、その先に堀があった。

そこには同心屋敷が置かれ、「御土居下御側組同心（おどいしたおそばぐみどうしん）」という同心が住んでいた。彼

現在は埋められている埋御門

らの役目こそ、城主を船に乗せ、確実に護衛しながら木曽へと逃がすことだったのだ。堀を渡って、対岸の御深井丸の庭から土居下という地を通り、大曽根、勝川、定光寺を経て木曽路に入るというルートが用意されていた。

さらには、逃げのびた先の木曽でも城主を救う役目を負った者たちが木こりや漁師として住み着いており、城主を出迎えることになっていた。

また、戦時には土や石で埋めて、敵兵がここから侵入するのを防いでいたともいわれる。ただし、このルートが使われたことは一度もなく、同心たちの出番もないまま明治時代を迎えた。

敵の足止めを狙った高知城の筋違いの「詰門」

敵の侵攻を防ぐために考え抜かれた城門

城門は城への出入り口であると同時に、敵が攻め寄せる場所でもある。そのため、城にはたくさんの門がつくられ、敵の侵入を防ぐためのさまざまな仕掛けがほどこされた。たとえば、扉はどれも観音開きで内側に開くようになっているのだが、これはなだれ込もうとする敵を押し返すための工夫なのである。

だが、直進して出入りできる門は、敵の勢いそのままに突破されてしまう可能性もある。そこで生まれたのが筋違いの門だ。高知城の二の丸と本丸の間に詰門（つめもん）という門があるのだが、これが筋違いになっている。門の幅と奥行きを生かして入り口と出口の扉が筋違いになるようにつくられているのである。

天守を見ながら城内の通路を進んでいくと立派な2階建ての門が現れるのだが、

筋違いになっている詰門（写真提供：高知城管理事務所）

扉は建物の右のほうに小さく開いていて、ここを通り抜ければ簡単に本丸にたどり着けそうに見える。ところが、いざ入ってみると出口の扉はななめ左にあって一瞬足止めをくらう。しかも、門を出たところはまだ本丸の下なのだ。じつは、本丸に続いているのは詰門の2階で、1階は敵をあざむくための偽装通路なのである。

2階には、二の丸側に3カ所、本丸側に5カ所の隠し狭間（さま）があり、門を閉めた状態でも2階から侵入者を監視し、姿を見せることなく狭間から攻撃することができた。敵にとっては本丸に手が届きそうで届かない、まさに難所だったのである。

巧妙に隠された彦根城の「隠し狭間(さま)」

外壁からは見えない狭間

ポルトガルから伝来した鉄砲が日本の戦ではじめて組織的に使われたのは、織田・徳川連合軍と武田軍が戦った長篠の戦いだ。それ以降、城を攻められたときに、城の内側から鉄砲で反撃するための仕掛けがつくられる。それが「鉄砲狭間(ざま)」だ。

狭間とは矢を射ったり鉄砲を撃ったりするための小窓のことで、どの城にも必ずつくられたものだが、鉄砲狭間は、城壁や天守の壁に丸や三角、四角などの小さな穴を開けたものだ。

この穴は内側は小さく、外側に向かって広がるようにつくられている。たとえば丸い穴であれば、内側から外側に向かって壁の厚みの中で円錐形になっているのだ。このような形であれば、銃身を上下左右さまざまな角度に向けて撃つこと

天守の隠し狭間（写真：岡 泰行）

ができる。そして、内側の兵士は壁に守られるというわけだ。

このように巧妙に隠された鉄砲狭間を「隠し狭間」という。徳川四天王の一人・井伊直政の子である直継が築いた彦根城の天守にもこの隠し狭間がある。天守の内側から見ると狭間は三角形や四角形の小窓のように見えるが、外側からは確認できない。板で覆って壁と同じ漆喰(しっくい)で塗り固めてあるからだ。

しかし、いざとなればこの漆喰ごと突き破って穴を開け、射撃することができるのだ。

城を攻める側からすれば、目視できる狭間があるだけでも、いつ何が飛んでくるか分からない緊張感がある。その上に隠し狭間があるとなると、想定外の場所から突然攻撃を仕掛けられることになるのだから、恐怖は否応なく増したことだろう。隠し狭間は、攻城戦が心理戦でもあったことをうかがわせる仕掛けなのである。

このような隠し狭間は城の天守だけでなく、櫓や土塀などにもつくられた。たとえば金沢城の「鶴の丸土塀」にも、どこにも鉄砲狭間は見当たらないが、瓦をひとつ割れば簡単に穴をあけ、そこから奇襲攻撃をすることができるようになっていた。

廃城の危機を救った明治天皇

彦根城には、隠し狭間のほかにもさまざまな仕掛けが施されている。

天守の最上階にあたる3層目には、「武者隠し」とも呼ばれる「破風の間」がある。入り口は天地30センチメートル、幅1メートル程度と小さく、中に入るには身をかがめなければならない。しかし内部は意外に広く、名前の通り、いざというときに兵を配して敵を不意打ちすることを想定していたと考えられる。

また、太い木製を縦に並べた「武者窓」は、内部から外を見張ったり、攻撃を

彦根城天守（©Kok Leng Yeo）

したりするためにつくられたものだ。

このように見どころの多い彦根城だが、じつは解体の危機に見舞われたことがある。

明治維新が起こると、各地の城は廃城令により、その多くが解体されることになった。彦根城も例外ではなかったのだ。

しかし明治11（1878）年に明治天皇が彦根を通過した際、保存するようにとの大命を下したことで、一転して保存が決まった。

一説によると、この大命の陰には大隈重信の働きがあったともいわれているが、そのおかげで、今や現存12天守にして国宝となった彦根城の姿を見ることができるのである。

1カ月の籠城を可能にした会津若松城の鉄壁の「虎口」

みなごろし丸と呼ばれた北出丸

「虎口」とは、城の曲輪（城を石垣などで区別した区画）の出入口のことをさす。「こぐち」と読むが、これは「小口」の当て字ともいわれている。

ふつう虎口には城門が建てられるが、曲輪への出入口なので大きくて広々とした門ではなく、小さく、厳重なものがつくられる。なぜなら、城内の兵が出入りする場所であると同時に、城外の兵たちもここを目がけて攻めてくることが多いからだ。言い換えれば、虎口は城の攻防の要所なのだ。だから、ここをいかにつくるかが、その城が優れた要塞かどうかを左右する大きなポイントとなる。

虎口に工夫を凝らした城はいくつかあるが、なかでも東北の名城のひとつである会津若松城の虎口は、万全のつくりといわれるほど、その優れた設計で知られ

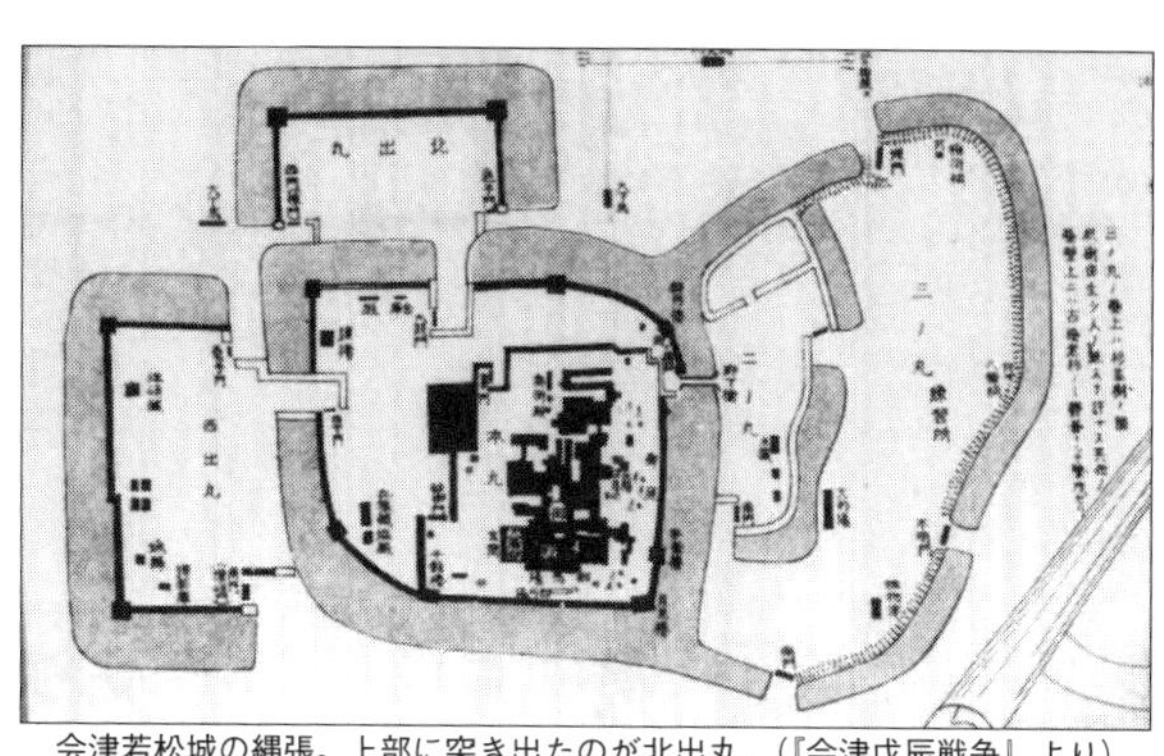
会津若松城の縄張。上部に突き出たのが北出丸。（『会津戊辰戦争』より）

ている。

馬出（88ページ参照）形状の北出丸と西出丸を外側に備え、その内側は枡形を備える二重構造となっている。

この構造は門扉が砲撃の死角となるように考えられている。そのために、幕末の戊辰戦争のときには、何よりもまず北出丸の追手門を突破しようとした新政府軍が、ここで足止めをくらうことになった。

じつは、北出丸は「みなごろし丸」とも呼ばれ、追手門に敵が近づいても、北出丸、帯郭、二の丸から集中的に攻撃を浴びせることができるのだ。

攻め込んだほうは、たまったものではない。

結局、新政府軍はいっさい侵入できなかったといわれる。その結果、よく知られるように1カ月という長期籠城戦になったのだ。

3万人が5000人を包囲

会津若松城のある地には、もともと室町時代からあった葦名氏の東黒川城があった。しかし、火災により焼失したのをきっかけに、さらに大規模な黒川城が建てられた。このころは、まだそれほど堅牢な城ではなかった。

それを改修し、本丸を中心にして二の丸・三の丸を造営したのは、天正18（1590）年に入城した蒲生氏郷だった。彼が黒川の町割を定め、若松という名前を決めるなどして現在の会津若松の基礎をつくったといわれる。

その後も蒲生氏や加藤氏により改修工事が進み、東北屈指の名城となった。

堅牢な虎口は、このたび重なる改修工事のなかで出来ていったものだが、結果的にはそのおかげで、戊辰戦争のときの籠城へとつながった。

籠城したのは、男女合わせて5000人といわれている。包囲した新政府軍は

現在の北出丸跡

最終的には3万人といわれており、1カ月も籠城できたのは、それだけ会津若松城が堅牢だったということだ。

新政府軍は、甲賀町口郭門と六日町口郭門とを破って城内に突入すると、そのまま一気呵成(かせい)に北出丸まで迫ったといわれる。

それでも結局は攻めきることができず、あちこちから飛んでくる銃弾にさらされ、激しい抵抗を受けて、やむなく退却したといわれる。新政府軍は、最後まで大手門がどこにあるのかさえも知ることができなかったのだ。

会津若松城ならではの虎口の構造が生かされ、「みなごろし丸」の威力が発揮されたのである。

防御に徹した篠山(ささやま)城の3カ所の「馬出(うまだし)」

馬出は城の守りの要

徳川家康は大坂城の豊臣秀吉の動きにそなえていくつかの城をつくらせたが、池田輝政に命じて山陽、山陰への要所につくらせたのが篠山城だ。

篠山城は本丸にそびえ立つみごとな石垣で知られる城だが、もうひとつ特徴がある。それは、「馬出」が3カ所もつくられたことだ。

兵が出陣するときは、虎口から城外に向かって出ていく。しかしそのまま出ていったのでは、城外で待ち構えていた敵兵からいっせいに攻撃を受けるおそれがある。

だから虎口から城外へ出ても、そこでいきなり敵兵と対面しなくてもいいように曲輪(くるわ)をつくった。そうすれば、城外へ出た兵はいったんそこに隠れて身を守る

馬出跡

ことができるのだ。これを馬出といった。兵だけではなく、ときには馬をいったんそこに留めておくこともあった。

縄張つくりの名手・藤堂高虎のアイデア

篠山城の縄張をつくったのは、城づくりの名手である藤堂高虎だ。

馬出は堀や土塁で囲まれ、その側面に兵の出入り口があった。こうすることでいきなり敵兵と対面することがなく、また側面の出入り口から半身を出して先に矢を射ることもできた。

つまり、先に射撃することにより、敵が城内に侵入するのを防ぐことができたのだ。

それだけではない。馬出は外から城内をのぞきこんで中の様子を探られないようにするための目隠しにもなった。このような馬出は戦国時代に発達し、おもに東日本の城で多くつくられるようになったといわれる。

3つの馬出で敵の侵入を確実に防ぐ

3カ所の馬出がある篠山城は、とくに防御に徹してつくられていることがわかる。まず、北と東と南にそれぞれ馬出がある。外堀は一辺が約400メートルの正方形だが、そこから突き出る形で凹字形の堀と土塁で囲まれているのだ。

出入り口は左右の側面にあるので、城の中からもその様子が見やすくなっている。だから、味方の兵が馬出から外に出撃するときに、もし敵がそれをめがけて攻撃してきても、城内の者がそれを見て援護射撃を行うことができるのだ。

また、左右どちらかの出入り口から外に出て行こうとしたときに、敵が押し寄せてきても、残ったほうの出入り口から別の兵が出て、敵を背後から襲うことができる。つまり、味方を守りながら敵にダメージを与えることができるのだ。

こう考えると、攻める側としては、わざわざ危険の多い馬出よりも、馬出のない入り口を見つけてそこから攻め入りたくなる。そこで、攻める側の兵は馬出のない門へ集中することになる。しかし守る側からすれば、それこそ思うツボである。馬出から一気に飛び出していき、城に攻め込もうとしている敵兵を背後から攻撃できるのだ。

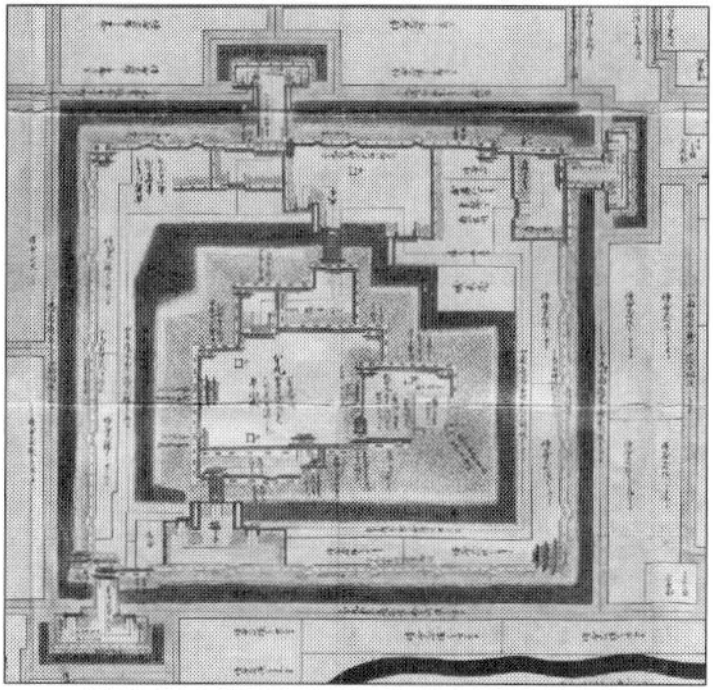

篠山城の縄張図（丹波笹山城之絵図）

そう考えると、優れた馬出の条件は、馬に乗った兵が短時間で効率的に城外に出ていくことができるということになる。

そういう意味で、篠山城の3カ所の馬出はかなり優秀なつくりであったといえるのだ。

石垣や3つの馬出は、縄張をつくった藤堂高虎のすぐれた築城術があらわれたものだといわれている。

タイプ別3大名城

3大山城

高取城

備中松山城

岩村城

3大平城

二条城

広島城

松本城

3大海城

今治城

高松城

中津城

※どの城が該当するかは諸説あります

2章　城攻めの武器

攻撃の基本の武器　弓矢と鉄砲

世界最大級だった「和弓」

弓矢は、武器としてもっとも古くから使われているもののひとつだが、弥生時代にはすでに弓矢の原型ともいえるものが使われていたと考えられている。その後、さまざまな進化をはたし、戦国時代には優れた武器となった。

日本独特の弓矢はとくに「和弓（わきゅう）」といわれ、江戸時代より七尺三寸（約221センチ）が標準の長さとして定められている。これは、弓としては世界でもっとも大きなサイズで、矢の速度や飛距離は、現代の人から見れば想像以上だった。また、矢の太さも現在と比べれば太く、大きな威力があったといわれる。

たとえば、飛距離は50〜300メートル程あったといわれ、射る場合には、やや上方に向けて飛距離を伸ばした。そうすることで敵兵の頭上から攻撃をしたのだ。

もちろん、城に向けて射る場合も上方に放って放物線を描いて城内に届かせるようにした。

放物線を描いて飛ぶ矢は、それだけ威力が落ちるように思われがちだが、もともと弓が大きくて威力があるので、当たれば鉄の兜や鎧なども射抜いたと考えられている。

そのため、城内にいる兵にしてみれば、遠くから飛来する矢といえども油断はならなかったのだ。

ちなみに、射手は射るときに、弓の中央よりもやや下を持つ。馬に乗って射るにしても、立って射るにしても、弓の下部が馬や地面につくのは不都合だからだ。

鉄砲の登場で大きく変わった戦

その後、鉄砲の登場によって戦には大きな変革がもたらされた。

鉄砲は天文12（1543）年に伝来したといわれているが、じつはそれ以前にも、享禄元（1528）年には泉州堺には鉄砲があったという記録もある。

後には、よく知られている長篠の戦い（152ページ参照）のように、戦いの行方を左右するものとして必須の武器となった。

とはいえ、弓矢が使われなくなったのかといえば、そうではない。

初期の鉄砲にはまだ性能が悪いものも多く、火薬を使うために雨が降ると使えなくなった。また銃を使いこなすためには高度な知識と技術、そして慣れが必要で、使い慣れたとしても一度撃った後は、次の弾を込めたり火薬を仕込むのに時間がかかってしまう。それに比べれば、弓矢は次々と射ることができるという利点があった。そのため、もし戦場で弓矢を持った兵と鉄砲を持った兵が向き合った場合でも、弓兵にも十分に勝ち目があったといわれる。

また、戦場ではひとりの武将が複数の矢で射られることも珍しくない。死んだ

武将に複数の矢が刺さっていたときに誰の手柄かを判断するために、弓につけられた射手のしるしが役立ったのだ。

とはいえ、鉄砲にも少しずつ改良が加わり、扱いに慣れた兵が増えると、実戦でも十分に使える武器として重宝されるようになった。鉄砲は、城を攻める側には不便な武器だった。どちらかというと城を守るための武器として使われていた。城をつくる際に、石垣の上に強固な櫓（やぐら）をつくったり、塀に鉄砲狭間（ざま）をつくったりしたのも、押し寄せてくる敵兵を上から鉄砲で狙い撃つための工夫だった。

一方、城を攻める側としては、飛んでくる鉄砲の弾から身を守らなければならない。そのために、後述するような大盾（次項参照）や車竹束（100ページ参照）などの防御のための道具が考え出されたのである。

鉄の支柱で支えられた装甲板で敵の攻撃をかわす　大盾

防御力の高い装甲板の盾

盾は、その目的に応じていろいろな大きさや形のものがある。

戦場では、飛んでくる矢や鉄砲の弾から身を守りながら攻撃するために利用された。この場合のポイントは攻撃と守りを同時に行うことで、大坂夏の陣に登場したような「大盾」は、まさにこの目的のために考え出されたといっていいだろう。

慶長20（1615）年に起きた大坂夏の陣の様子を描いた大坂夏の陣図屏風には、戦場で兵たちがどのようにして大盾を使っていたかが丁寧に描かれている。

まず、鉄製の装甲板を全面に張ることで敵からの攻撃を防いだ。台には車輪がついており、2、3人の兵で押して移動することができる。そのため、敵に近づくことも、逆に退却することも自由自在にできた。

それだけではない。装甲板の中央には小さな窓が開いているので、そこから敵に向かって弓矢で攻撃することもできたのだ。

このとき使われた大盾は、厚さが約16センチから17センチもある分厚い板の上に、さらに厚さ約10センチの鋼鉄製の板が貼りつけられていた。

さらに、その装甲板は鉄の支柱で支えられ、しかも多くの場合は垂直ではなく、斜めになっていた。

斜めにすることで鉄砲の弾の威力をまともに受けずに上方向に逃がすことができる。そのため、分厚い鉄鋼の板を弾が貫通することはかなり難しかったはずだ。

竹束に車輪をつけた防弾装置　車竹束

時代に合わせて進化した盾

兵たちは、戦場で飛んでくる矢から身を守るために、木の板でつくられた盾で身を守りながら移動していた。ところが、鉄砲が使われるようになると板では身を守ることができない。そこで考え出されたのが「竹束」だった。竹を束ねて円柱形に縛ったものをいくつも束ねて、それらを隙間なくびっしり並べたものだ。これだと鉄砲の弾も貫通しにくかった。

そして、これに車輪を取りつけて移動できるようにしたのが「車竹束」だ。もともと武田家の家臣だった米倉丹後守（よねくらたんごのかみ）重継が考案したといわれている。重継は中国の兵法に詳しく、竹束のヒントもそこにあったようだ。

永禄5（1562）年に武蔵松山城を攻めるときに使われたのが最初で、一度使われると材料は全国どこでも手に入る竹なので広く浸透していった。長篠の戦いで使われたという記録もある。

また、慶長19（1614）年の大坂冬の陣では、徳川方が材木問屋を抑えて大量の竹を使って竹束をつくった。大坂冬の陣図屏風には、徳川方の鉄砲足軽たちが竹束の陰にひそんでいる姿が描かれている。竹の盾なら鉄砲の弾くらいなら貫通しそうな気もする。しかし、当初の鉄砲は発射速度が遅く、弾も単純な球体だったので、十分に防ぐことができた。

ただし後年になって、鉄砲の威力がしだいに強力になってくると、竹の束を簡単に貫通するようになった。そこで、粘土に小石などを混ぜてそれを布で包んだものをつくり、それを竹束で覆うという二重構造にしたようだ。

側面に分厚い板を張り偵察兵を援護する　井楼（せいろう）

車輪がついた「車井楼」

城に攻め込むにあたっては、その前に城の内部を知ることが重要だ。城のつくりはもちろん、どれほどの数の兵がどのように配置されているかなど、知っておきたい情報は多い。

その城内の様子を偵察するために使われた設備に「井楼」がある。

これは、材木を井桁（いげた）（「井」の字の形）に組んでつくった櫓のことだ。これに登って高い位置から城の中を見たり、遠くにいる敵の動きを探ることができる。

静岡県の高根城の発掘調査が行われた際に、この井楼の跡と思われるものが発見されている。柱を建てたと思われる穴の形などから、高さはおそらく8メートルほどだったと考えられているのだ。形についての詳しい記録は残されていないが、現在は明治維新前後につくられた二条城の井楼などを参考にして復元されている。

また、井楼は城壁よりも高いので、単に城内の偵察だけでなく、城を直接攻撃するためにも使われた。

たとえば、黒田官兵衛が天正13（1585）年に四国征伐を行ったとき、阿波の岩倉城を攻略しようとした。この際、岩倉城は攻めるのに難しい要塞だったために官兵衛は一計を案じ、井楼の上から日に何回か大砲を撃ちこんだという記録がある。見張りや偵察のためだけでなく、高いところから攻撃の援護もできる井楼は、戦場ではおおいに役立ったのだ。

「車井楼」は、その井楼に車をつけて移動できるようにしたもので、戦国時

代の後半からつくられるようになった。

移動することで攻撃のための設備としてより大きな効果が期待できた。

高いところから鉄砲を撃ったり弓を射たりして、城の中へ攻め込む兵たちの援護としても使われた。側面にかなり分厚い板が張られていたので、敵の攻撃にも対抗できた。

ただし、ほかの移動式の兵器などと同じように、車輪がついているために平地でなければ移動は難しく、必ずしもあらゆる状況で役立ったわけではない。

滑車を利用して井楼を吊り上げる「釣井楼」

また、「釣井楼」というものもある。外が見えるようにした箱の中に兵を入れて、その箱を縄と滑車を使って高く釣り上げる。いわば、エレベーター式の監視塔のようなものだ。敵の城の間近まで行き、城の前で手早くつくられた。

釣井楼に関わる出来事としては、島原の乱がよく知られている。

島原の乱は、寛永14（1637）年から翌年にかけて九州島原南部と天草諸島にかけての地域で起こった、キリシタン農民による一揆だ。キリシタンが立てこもった原城内の様子を知りたいと考えた松平伊豆守(いずのかみ)信綱は、城の近くに山を築かせ、その山の頂上に船の帆柱を立てて、帆柱には滑車を取りつけた。

さらに、木材を組み上げて井楼をつくり、井楼のまわりを鉄板で囲んだ。そこに城内偵察のための兵を入れ、帆柱につけた滑車を利用して井楼を高く吊り上げたのだ。

まさにこれが釣井楼である。井楼には窓が開けられ、中に潜んでいる兵はそこから城内を見ることができる。高い山の上の帆柱に吊り下げられているので、視界も良好だった。

もっとも、一揆軍は城内から鉄砲で釣井楼の中にいた偵察の兵を狙い撃ちしたため、当初の目的を果たすことはできなかったという。

装甲を施した車に足軽を中に入れて突入させる　亀甲車(きっこうしゃ)・仕寄車(しよりぐるま)

朝鮮の役で活躍した「亀甲車」

豊臣秀吉が朝鮮出兵を行った際に、ある兵器が使われている。文禄2（1593）年、朝鮮の慶尚道(けいしょうどう)でのことだ。秀吉の命を受けた宇喜多秀家は、総勢4万3000もの兵を従えて晋州(しんしゅう)城を取り囲んでいた。しかし、わずか7000の兵しか籠城していない晋州城を今一歩のところで落とすことができなかった。

そんななか、突如として箱形の車が登場する。今でいえば装甲車のような形で、雨あられと降り注ぐ矢や石の中をものともせず突き進んでいき、ついに敵の城壁を突き崩してしまったのだ。すると、車の中から兵が出てきて、壁の崩壊した部分から我先にと中へ突入した。そして、難攻不落といわれた晋州城を陥落させたのだ。

この装甲車のような車は「亀甲車」といわれる。考え出したのは加藤清正だ。

亀甲車は木製で、上部は亀の甲羅のような形をしていた。そこに百頭もの牛を殺して剥いだ皮を何重にも重ねて張り合わせ、投石や火矢のような武器で攻撃されても火がつかないようにしてある。その箱の中に足軽を入れて突入させたのだ。

一説には、その車の先頭には、棒に刺した牛の首が掲げられていたともいわれる。

この亀甲車は最大の戦果をもたらし、加藤清正および黒田長政の軍は晋州城を陥落することができたのだ。

じつは、亀甲車が登場するのはこれが初めてではない。元亀４（１５７３）年、武田信玄が徳川家の三河野田城を攻めたとき、亀の甲というものを使ったという記録があるが、これは亀甲車の前身だったと考えられている。

一方の徳川勢も天正3（1575）年、近江諏訪原城に武田方を攻撃する際には、やはり同じような発想でつくられた車を使っている。さらに豊臣秀吉は、天正10（1582）年の備中の冠山城、そして翌年の伊勢亀山城の城攻めでも亀の車を登場させたという記録がある。また、慶長5（1600）年には、上杉家の直江兼続が最上家の出羽長谷堂城を攻める際に亀甲車を登場させたといわれている。

そんななか、とくに知られているのが慶長5（1600）年の関ケ原の合戦だ。亀甲車を登場させたのは、天才軍師、黒田官兵衛だ。東軍の黒田は豊前の中津において1万で挙兵し、西軍の武将を次々と倒していった。その際、国東の安岐城攻めにおいて、亀甲車を使って城壁を撃破、そこから大砲で攻撃し、火矢を撃ち込んで開城に成功している。

平地が少ない日本では使いこなすことが難しく、活躍の機会が少ない亀甲車だが、城攻めの兵器としては大きな成果が期待できる。ここぞというときにはおおいに利用されたのだ。

多数の兵を移動させせられた「仕寄車」

また、亀甲車によく似た装甲車のひとつに「仕寄車」があった。

まず、10人ほどの兵が入れるほどの大きな箱形をつくり、車輪を取りつける。下から足を出しておき、中の兵が箱全体を自力で押して進んでいくのだ。そうやって移動しながら、側面に開けられた小窓から鉄砲を撃ったり矢を放ったりするのである。かなり大きなものなので、仕寄車の中だけでなく、その後方にも兵が隠れて進むことができた。まずは仕寄車が先陣を切って城に接近をし、その背後に兵が続くという戦法だ。

最初は木製だったが、後には鉄鋼板が張られて鉄砲の弾も防ぐことができたといわれる。

振り子式の丸太で城門を破壊する　破城槌（はじょうつい）

盾と破壊の両方ができる武器

堅牢につくられた城の門を人間の力だけで突破するのは難しい。門の前で苦戦していると、周囲から矢や投石などで狙い撃ちされて突入する前に全滅ということもありうる。城の門を突破することは、城攻めにおける難問のひとつだ。

そこで、これを解決するために考え出されたのが「破城槌」という兵器だ。原理はいたって簡単である。丸太のような強固なものを城門や城壁に強い力で衝突させて、その力で破壊して進入路をつくるのだ。

最初は、切り倒した太い木を数十人もの兵で抱えて、直接、城門や城壁に衝突させるという、かなり原始的な方法がとられていたと思われる。

しかし、これでは何度も衝突させなければならない。そうなると、その間に敵

に攻撃されてしまう。そこで、このアイデアを生かして開発されたのが破城槌だ。

考え方としてはまず、移動式の大きな盾をつくる。そして、その盾に大きな槌を装備するのだ。槌は吊り下げて、振り子のように前後に揺れるようにしておく。そうすれば、小さな力でも槌を揺らすことができる。

兵は盾に隠れて身を守りながら城に近づき、至近距離まできたら、巨大な槌を振って城門や城壁に衝突させて破壊するというわけだ。盾が身を守ってくれるので、敵が矢や投石で攻めてきても安全だ。つまり、「兵を守る盾」と「城を破壊する破壊兵器」というふたつの目的を同時に可能にした、効率のいい兵器なのである。

折り畳み式で持ち運びができる階段　行天橋(ぎょうてん)

城門や城壁を乗り越える道具

城攻めでもっとも難しいのは、最初に城に突入するときだ。城は高い城壁で囲まれている。また、ほとんどの城では、城門や城壁から侵入する兵を高い場所から弓矢や石で狙い撃ちできるつくりになっている。ここで多くの兵が倒されてしまっては、城内に入ることができても戦力は大きく削がれることになる。

高い城門や城壁を越えるのにだれもが思いつくのは、梯子(はしご)をかけて一気に乗り越えるというやり方だ。ただし、実際に梯子を使って城内に入ったという話はほとんど残っていない。

梯子そのものではなく、同じ機能を持つ仕掛けとして考え出されたのが「行天橋」だ。いわば移動式の階段のようなもので、階段部分は折り畳み式になっている。

使うまでは手前に倒してコンパクトにできるメリットがある。

この陰に隠れて押していけば、弓矢や投石から身を守りながら城に近づくことができる。そして、いよいよ城門や城壁に到達したらすばやく石垣の上部などに架け、それを利用して人間が中に侵入するのだ。

ただし、この兵器は車輪で移動させなければならないので、狭い山道などでは移動が不便である。

そこで、移動距離を短くするためにも、バラバラにして運び、現地で組み立てたのではないかと考えられている。

素焼きの土器に火薬と導火線をつけた　焙烙玉

手榴弾のような投げる武器「焙烙玉」

「焙烙」とは、もともと素焼きの土鍋のことをさす。

また、土器や陶器に火薬を入れ、導火線をつけて、点火してから敵に向かって投げる武器のことも「焙烙」、または「投げ焙烙」と呼ばれていた。今でいう手榴弾か焼夷弾のようなものだ。丸い爆弾のような形をしていたので「焙烙玉」と呼ばれることもあった。

大砲がつくられる前は、このように「投げる」という方法で敵を攻撃することが一般的だったが、場合によってはそれに縄を巻きつけ、その縄の一端を手で持って振り回して遠方に飛ばすこともあった。一見すると原始的にも思われるが、当時の建造物は木でつくられており、さらに盾や柵なども多くは木製だったために、

うまく命中すればそれらを燃やして損害を与えることも可能だった。

信長をおびやかす

これらの投げ焙烙は、村上水軍をはじめ毛利水軍、乃美(のみ)水軍、児玉水軍といった瀬戸内水軍が使っていたことでよく知られており、これらの水軍に対して織田信長は、鉄甲船をつくって対抗したといわれる。じつは信長は、この焙烙玉によって手痛い敗北を経験したことがあるのだ。

天正4（1576）年、毛利水軍が大坂本願寺に大量の兵糧を運びこもうとした。これをなんとしてでも阻止しようと考えた信長は、大阪湾の木津川口で待ち受けて迎え撃とうとした。

ところが、信長方の船に毛利水軍から大量の焙烙玉が投げ込まれたのである。当然、船は焼かれて多くの兵が犠牲になった。この敗北をきっかけに、あの有名な信長の鉄甲船の建造が始まったといわれている。

矢を使ってより遠くへ飛ばす「焙烙火矢」

さらに、矢の先端に焙烙をつけて遠くへ射ることもあった。これは「焙烙火矢」と呼ばれ、これが後に「棒火矢」（次項参照）へと発展することになる。

焙烙火矢になると、建造物に火をつけて火災を起こすことで損害を与えるというだけでなく、兵そのものの殺傷を狙うことができた。その効果は十分にあり、これで攻撃されると敵はおおいに混乱したと考えられる。

ところで天正13（1585）年、豊臣秀吉が紀州太田城を水攻めにしたことがある。このとき、城から焙烙火矢の攻撃を受けたという記録が残っている。逃げ場のない船の中に火のついたかたまりが次々と飛んできたら、乗っている兵はたまったものではない。被害も大きかったはずだ。

また、天文24（1555）年に安芸国厳島において毛利元就と陶晴賢（すえはるかた）との間で起こった厳島の戦いでは、鎌槍で敵の船の錨綱を切り、混乱したところで火矢を放ち、さらに焙烙玉を投げ込むという作戦がとられた。火矢を撃つ船と、焙烙玉を放つ船とが別々だったのだ。

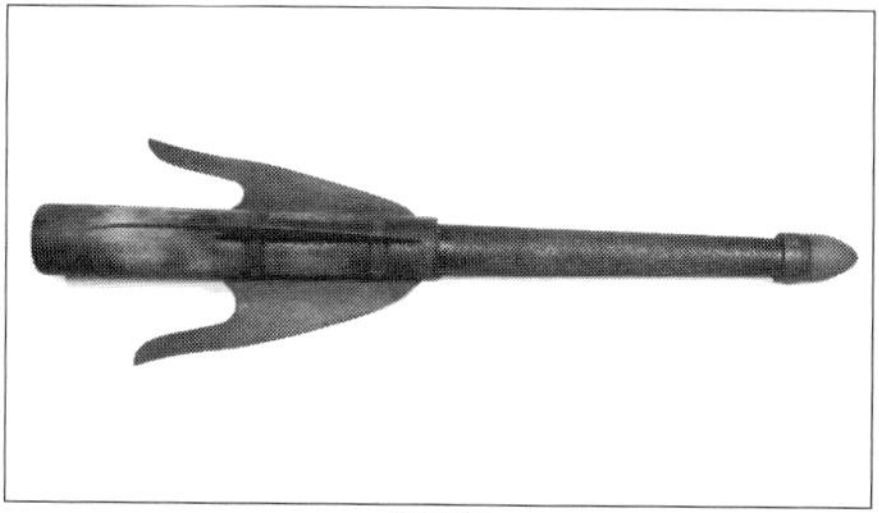

このことからもわかるように、かなり組織的な攻撃が考案されていたようだ。

国内だけでなく、国外での使用の記録も残っている。文禄元（1592）年、韓国の慶尚道（けいしょうどう）の閑山島で朝鮮の水軍と闘った脇坂家の軍船が、焙烙火矢の攻撃を受けて焼かれている。

また、慶長3（1598）年には、同じく朝鮮の露梁（ろりょう）で、島津家の軍船が焙烙火矢を浴びている。

同じように火を使った武器は、国内だけでなく国外でもいろいろな形で使用されていたのだ。

棒火矢

大砲で撃ち込む兵器　棒火矢

焙烙火矢が発展した武器

前項で紹介した「焙烙火矢（ほうろくひや）」は、戦国史の中で兵器として発展していったが、なかでも江戸時代以降に大きな戦力となったのが「棒火矢」である。

それまでは弓の先端に焙烙をつけて射ていたが、棒火矢は木製の矢の先端に溝をつくり、その溝に火薬を仕込み、それを大砲に差し込んで発射するのだ。

江戸時代の史料である『通航一覧』には、寛永年間の初期に、周防国（すおうのくに）の赤石蔵之介が発明したという記録が残っている。さらに、『一貫斎国友藤兵衛伝（いっかんさいくにともとうべえでん）』という史料には、播磨三木の三木茂太夫（もだゆう）が発明したとも書かれている。

豊臣秀吉が朝鮮と明の連合軍と戦った文禄元（1592）年の文禄の役、および慶長2（1597）年の慶長の役のときに朝鮮水軍が使っていたものをヒント

に考え出されたともいわれている。

いずれにしても、焙烙火矢を使ううちに、各地で自然発生的に大砲で撃ち出す方法が考えられて、それが広まっていったと思われる。

ふつうの砲弾と同時に撃たれるので射程距離は伸びるし、その威力はさらに大きくなる。場合によっては、射程距離は20町（約2200メートル）ほどもあったといわれている。

ただし、装填の方法や、打ち上げの角度や飛距離など複雑な知識が必要なために、使い方はけっして簡単ではなく、命中率は2割程度だったようだ。

ただ、うまく城の一部に命中すればすぐに火がつき、火災を起こすことも可能だ。当時の建築物のほとんどは木製なので、命中の確率は低くても棒火矢は大きな脅威だったのである。

また、漆喰の櫓などに突き刺さると、すぐに爆発して引火することもあった。木製の盾に火がつけば、防御力を低下させることもできた。さらに、船も木製だったので、海戦でもよく使用されたともいわれている。

棒火矢が使われた記録は、ほかにも残っている。

天正6（１５７８）年に、上杉謙信が春日山城で死去した後に、家督をめぐって御館の乱が起こった。このとき、上杉景勝に協力した新発田重家という武将がいた。重家は戦の後、ほとんど恩賞をもらえなかったことを不服とし、天正9（１５８１）年、上杉景勝に対して反乱を起こした。

このとき新発田軍勢は新潟津を奪取し、砂州を改修して城を築いている。この城に対して天正11（１５８３）年に出陣した上杉景勝は、城攻めに棒火矢を使ったという記録がある。ただし、このときは失敗し、城が焼け落ちることはなかった。

また、棒火矢は忍者も使っていた。甲賀忍者は、棒火矢に毒を仕込んで城に打

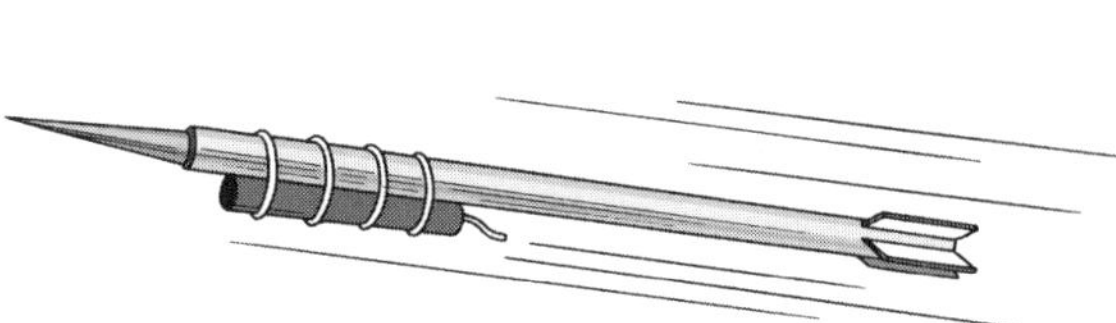

ち込んだといわれている。その射程は3キロになることもあり、相手にとっては大きな脅威となった。

忍者が使用した「大国火矢」

忍者が使用する火矢は「大国火矢」と呼ばれていた。延宝4（1676）年、伊賀国の藤林保武（ふじばやしやすたけ）によって書かれた『万川集海』という忍術秘伝書には、忍者が使ったとされる火矢が約30種類も紹介されている。

最初から火をつけて放つ棒火矢と違い、火薬を仕込んだ筒を矢にくくりつけ、導火線に火を点けてから弓で飛ばすこともあった。こうすると、狙った対象物に到着するころに火薬が爆発し、発火することになる。それをうまく狙ったものだった。狙う相手までの距離によって羽根の枚数や火薬の量などを微妙に調整したらしく、こちらはかなり命中度は高かったようだ。

現地調達ができる低価格の武器　投石機

石だけでなく火薬や死体まで飛ばした

大きな石を飛ばして城に衝突させ、その威力で破壊するというのはとても原始的なアイデアだが、うまくいけば効果は大きい。

何らかの道具を使って石などを遠くに飛ばす投石機は、兵器として古くから使われていた。日本では弥生時代から使われていたといわれている。

それが戦国時代になると、城攻めの兵器として改良され、洗練されていくのだ。大砲よりも製造コストがかからず、移動も比較的簡単にできるうえに、投げる石は現地で調達できるので持ち運ぶ必要もない。それらのメリットがあったので、かなり長い時代にわたって使われていたと思われる。

投石機で飛ばされたのは、石とは限らなかった。石や砂利などを詰めた袋や火

のついた藁、火薬、あるいは死体や糞尿などを敵の城内に飛ばしたり、城門や城壁に当てることもあった。

ものによっては人間を直撃する場合もあったが、直撃しなくても兵の士気を低下させて戦闘意欲を失わせることもできた。また、城に火をつけることが目的の場合もあった。大規模な火災でなくとも消火のために人手が必要になれば、その分戦力が削がれたはずだ。

飛距離はまちまちだが、なかには300メートルほど飛ばせる投石機もあったという。

その一方で不便なところもあった。投石器は兵器としては大きく、移動をするには車輪をつけるなどしたと思われる。そのために、平野部が少ない日本では使いこなすのは難しかった。とくに、山城（やまじろ）の攻撃には不向きだった。わざわざ山道を移動させるのは困難なので、現地に行ってその場でつくられたという説もある。城の多くは石垣で守られていたので、投石をしても石垣に当たって落ちてしまうし、高い城壁を超えて城内まで石を飛ばすのはかなり難しかった。

そういった欠点もあったので、同じような目的の兵器として大砲（次項参照）がつくられるようになると、投石機はしだいに使われなくなっていくのである。

雲泉太極（うんぜんたいきょく）の『碧山日録（へきざんにちろく）』には、応仁の乱の時に投石機が使われたということが書かれており、「発石木（はっせきぼく）」という名前が使われている。

応仁元（１４６７）年、洛中では東軍の細川氏と西軍の山名氏が激しく対立していた。どちらが先に仕掛けるかという緊張状態が続いたが、やがて先に細川のほうが攻撃を始めた。このときに使われたのが発石木だった。

これは長い棒を固定して、その棒の下方につけたおもりを大人数で一気に引いて、その反動で上方につけた「霹靂（へきれき）」というものを飛ばすものだった。

「霹靂」とは陶器の中に火薬を仕込ませた爆発物である。もともと発石木は、約70キロの重さのものを200メートルも飛ばすことができたといわれる。この発石木による先制攻撃は、大きな成果をあげたと思われる。一説には、運搬のために車輪がついていたともいう。

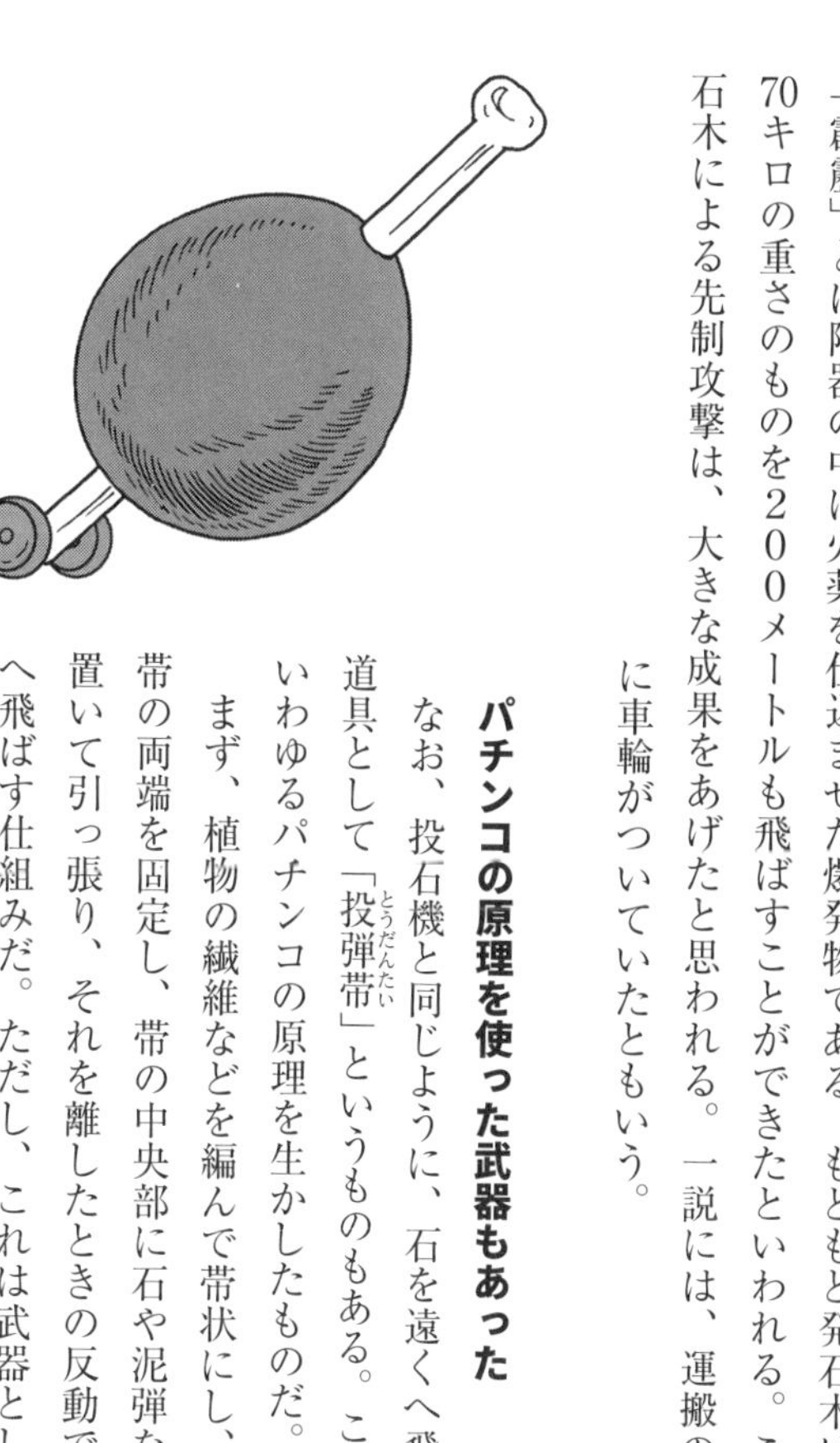

パチンコの原理を使った武器もあった

なお、投石機と同じように、石を遠くへ飛ばす道具として「投弾帯（とうだんたい）」というものもある。これは、いわゆるパチンコの原理を生かしたものだ。

まず、植物の繊維などを編んで帯状にし、その帯の両端を固定し、帯の中央部に石や泥弾などを置いて引っ張り、それを離したときの反動で遠くへ飛ばす仕組みだ。ただし、これは武器としてはあまり普及しなかったようだ。

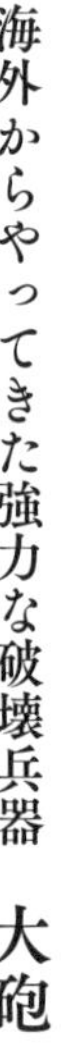

海外からやってきた強力な破壊兵器　大砲

大友宗麟（そうりん）の「国崩（くにくず）し」

世界史の中で見ると、大砲という兵器が最初につくられたのは14世紀頃といわれているが、これが日本に入ってきたのは16世紀と考えられている。

九州の大友氏について書き残された『大友興廃記』の中には、天正4（1576）年に南蛮国より「大の石火矢」が運ばれてきた、という記録がある。大友宗麟は大いに満足し、これに「国崩し」という号で呼んだとされている。

じつは、大砲が伝わるよりも以前に、日本には室町時代以降「石火矢」と呼ばれる兵器があった。これは火薬の力で石や鉛などを飛ばして敵にダメージを与えるものだった。

新たに入ってきた大砲は、当初はその「石火矢」の一種としてとらえられてい

た。これは、大砲はあくまでも金属の球体を打ち出して遠くへ飛ばす兵器であり、同じように石を飛ばす「石火矢」の発展したものと考えられていたのだ。同じようなものとして「棒火矢」（118ページ参照）があったが、これとははっきりと区別したのである。

国崩しは、あらかじめ砲丸と火薬とをチャンバー（子砲）に詰めておき、これを手元の薬室に装填するという、いわゆる「元込め式」だった。チャンバーは重いので数人で運ぶ必要があり、しかも込めるときには完全密閉式ではなく、発射した瞬間にガスが勢いよく噴出するなどの危険もあった。そのため、大砲を撃つことは、かなりの熟練者でなければできないことだった。

そして天正7（1579）年、早くもその力を発揮するのである。丹生島（にゅうじま）城を包囲した薩摩島津家の軍勢に対して、城内より国崩しが発射されたのだ。

このときは約380メートルも先にある木に命中し、周辺にいた多くの兵に死傷者が出たという記録が残されている。

慶長年間（1596〜1615年）の頃には、大型火砲は、大鉄砲、大筒、大砲という3種類に明確に区別されていた。大鉄砲とは火縄銃を大きくしたもので、つくり方や使い方は火縄銃と同じだった。また大筒は、見た目は火縄銃を太くしたようなものだが、鍛錬法が火縄銃よりも大規模で、火を点ける方法も異なる。

一方の大砲は、大友家が最初に使用した大型の石火矢のことで、独自の製造法と操作法が必要だった。鉄を鍛えてつくるのではなく鋳物の型抜きで製造されたので、大砲をつくる際には仏像をつくる鋳物師たちが協力したといわれている。

いわゆる文禄・慶長の役（1592〜98年）では、これに参戦した大名たちはこぞって独自の大砲を朝鮮半島に運んだ。そして帰国のときには、また新たな技術を持ち帰って国内での大砲の発展に役立てている。

「国崩し」と呼ばれた大砲のレプリカ

大坂の陣でも使用される

また、大坂の陣でも大砲はおおいに利用された。周囲３里（約12キロメートル）の巨大な城塞都市といえる大坂城だが、城の北部を守っているのは天満川という天然の堀だった。

徳川方は何種類かの大砲をここに運び、多くの砲弾を城内に撃ち込んだとされている。この川は城内に最も近かったので、射程距離がそれほど長くない大砲であっても、十分にその威力を発揮できたのである。

もちろん大坂城内にも大砲があったが、火薬が不足しており、期待どおりの戦果にはならなかったのである。

縄張の基本

輪郭式

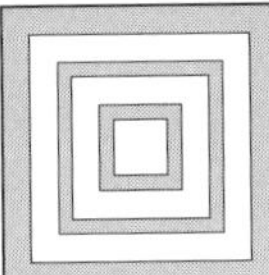

【特徴】
本丸を取り囲むようにして二の丸、三の丸を配置したもの。曲輪構造の基本的な形といえる。
【おもな城】
駿府城、大坂城、二条城など

連郭式

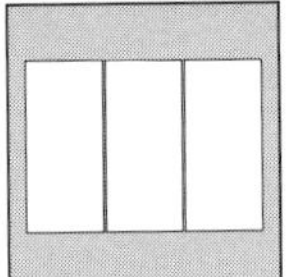

【特徴】
本丸以下を図のように一直線に配置したもの、または本丸を中心にして３つ以上の曲輪を配置したもの。
【おもな城】
水戸城、盛岡城など

梯郭式

【特徴】
本丸を中心に、二の丸、三の丸をかぶせるように配置したもの。半円型のものもある。

【おもな城】
上田城、岡山城、弘前城など

並郭式

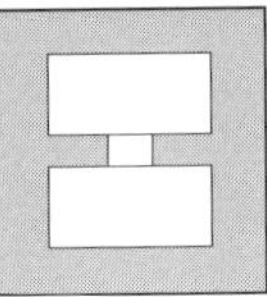

【特徴】
本丸と二の丸、またはもうひとつの曲輪がならべて配置されたもの。三の丸がこれを取り囲んだりもする。
【おもな城】
島原城、大垣城など

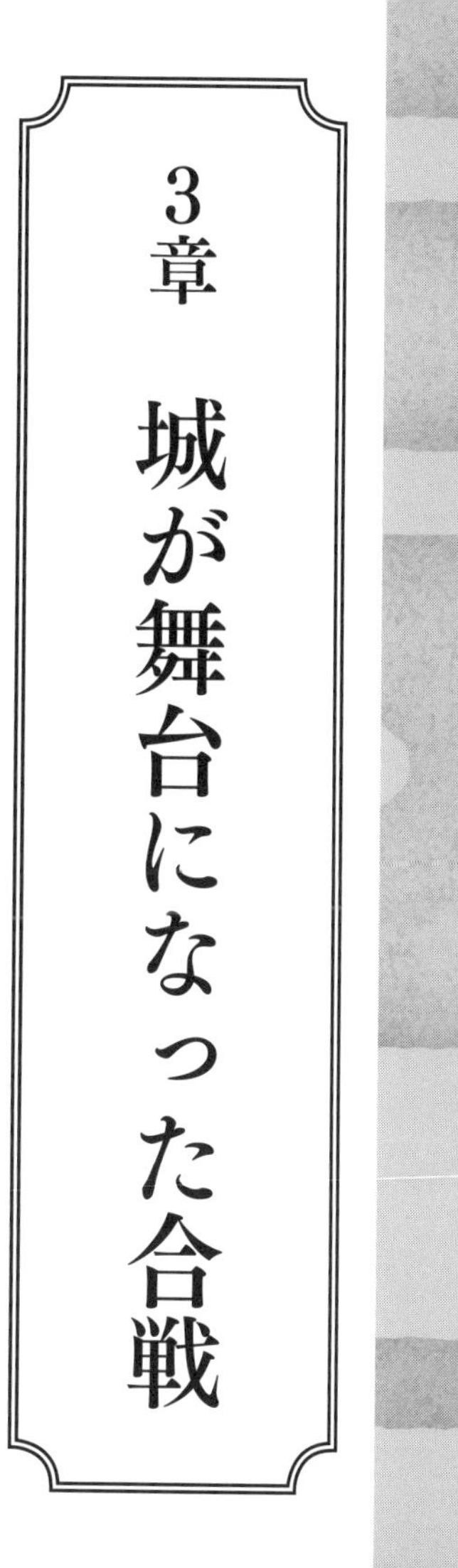

3章 城が舞台になった合戦

わら人形と油のしみた梯子（はしご）作戦　千早城の戦い

徹底抗戦した楠木正成

軍事拠点だった城ではさまざまな攻防が繰り広げられてきた。

そのなかでも、まさに痛快といえるのが千早城の戦いだ。

千早城は大阪と奈良との県境にそびえる金剛山一帯に築かれた山城で、ここを築城したのは鎌倉幕府から〝悪党〟と呼ばれた楠木正成である。

そもそも千早城の戦いの発端となったのは、後醍醐天皇が中心となって鎌倉幕府を倒す計画を繰り広げたことにあった。元弘元（1331）年、後醍醐天皇は山城国（現在の京都府南部）の笠置山（かさぎやま）で幕府に反旗をひるがえし、それに応えて天皇の皇子である護良（もりよし）親王は大和（現在の奈良県）の吉野で、そして楠木正成が河内国（現在の大阪府南部）の赤坂城で挙兵したのだ。

千早城の絵図（「河内千破城図」）

しかし、この倒幕運動は幕府軍の圧倒的な武力に抑え込まれる。正成も赤坂城で攻め込んできた幕府軍に大木や大石を落としたり、熱湯を浴びせたりして徹底的に戦いを挑んだが、長期戦に持ち込まれると勝ち目はないと見るや、城にみずから火を放って行方をくらます。

一方、幕府軍に捕らえられた後醍醐天皇は隠岐（おき）に島流しにされ、倒幕運動は失敗に終わったかのように思われた。ところが2年後、正成は赤坂に舞い戻ってきた。そして幕府の手にあった赤坂城を奇襲攻撃で奪還し、河内国から摂津国（現在の大阪北部）の天王寺までを一気に攻め落とすことに成功したのだ。

「わら人形の策」と「長梯子(ながばしご)の計」

幕府は正成軍を倒すために数十万という大軍を送り込んだ。正成軍の兵力はわずか1000足らずだったのでその差は歴然だ。正成は千早城に籠城し、幕府軍を迎え撃つ作戦に出た。

千早城は三方が絶壁と深い谷に囲まれていて、後方だけが金剛山につながっている堅固な山城だったが、大軍を率いていた幕府軍は楽観したのか、ろくに陣も構えず、作戦を立てることもなく押し寄せてきた。

束になってかかってくる兵に向かって、正成の軍は櫓(やぐら)から大木や大石を投げ落として応戦した。さらに、正成はさらなる奇策に打って出た。わら人形を20～30体つくり、それに兜や甲冑を着せて弓や矢を持たせて夜のうちに麓(ふもと)に立たせたのだ。

そのわら人形の後方には500人の兵が隠れていて、明け方になると突然「えいえいおう！」と声を上げる。その声に反応した敵が襲いかかってくると弓矢を放ちながら城に戻り、敵がわら人形のところまで来たのを見計らって落石攻撃を仕掛け、一気に800人もの敵兵を退治した。これは「わら人形の策」といわれている。

また、「長梯子の計」といわれる策も鎌倉軍の意表を突くものだった。

幕府軍は長梯子を城壁にかけて城に侵入しようとしたのだが、兵が梯子を渡り始めると、正成軍は梯子に向かって水鉄砲から何やら液体のようなものをかけた。

その液体の正体は油で、油がしみた梯子に松明(たいまつ)の火が点けられると、梯子の上を突進していた兵はなすすべもなく谷底に落ちていったのだ。

こうして幕府軍を翻弄するうちにその噂は全国に広まり、各地で打倒幕府の狼煙(のろし)が上がった。京都でも反乱が起こり、朝廷や公家を監視していた幕府の出先機関である六波羅探題が攻められ、足利高氏（のちの尊氏）らが都を制圧する。

それを聞いた幕府軍は千早城から撤退し、正成は90日間の籠城戦を戦い抜いたのだ。

そして、千早城に大量の軍を送り込んでいた幕府は、その手薄になったときを狙った新田義貞に攻め込まれ、ついに滅亡したのである。

敵を寄せつけない「天空の城」月山富田城の戦い

月山の山中に築かれた難攻不落の城

中国地方で大きな勢力を誇っていた尼子氏の本拠地で、出雲地方の富田川東岸にある標高約180メートルの月山の頂に築かれた月山富田城は、難攻不落の要塞として知られていた。周囲は断崖絶壁に囲まれ、西側には富田川が流れるという立地は大軍をもってしても容易に近づくことはできない。

麓からの道は中腹に集まり、そこから「七曲」と呼ばれる急勾配が山頂に伸びる。中腹には約3000平方メートルの「山中御殿」があり、ここが実質的な守りの要であったという。攻め入った軍はこの山中御殿に行きついたところで反撃にあい、さらに急勾配によって戦力を削がれる。

月山富田城は何人も寄せつけない守りの堅さゆえの「天空の城」だったのだ。

月山富田城跡（nobo_23p/PIXTA）

大内軍を苦しめた〝尼子十旗〟

月山富田城は、圧倒的に不利といわれる籠城戦でも強さを発揮した。中国地方でしのぎを削っていた尼子晴久と大内義隆が激突したときのことである。

天文11（1542）年、義隆が尼子攻略のために月山富田城に向けて兵を挙げたが、陶隆房（すえたかふさ）（のちの晴賢（はるかた））、内藤興盛（おきもり）、毛利元就らを含む大軍の進軍は難航した。

まず、白鹿（しらが）城、三沢（みざわ）城、三刀屋（みとや）城、赤穴（あかな）城、牛尾城、高瀬城、神西（じんざい）城、熊野城、馬木（まき）城、大西（だいさい）城という〝尼子十旗〟と呼ばれる支城の存在が大内軍を苦しめた。各地で強力な抵抗にあい、ようやくめざす月山富田城に到達したときには、出発してから1年余りが経過していた。さらに、2カ月半に及ぶ総攻撃を仕掛けても城を落とせず、大内軍の武将たちの間には、戦の疲れと義隆に対する失望ムードが漂うようになっていく。

守りの堅い城が落城するときは、食糧が尽きるか内部からの切り崩しによるものが多い。月山富田城の食糧は当然減ってはいたが、戦況を決定づけたのは裏切りで、驚くべきことにそれは攻める側の大内軍内部で起きた。なかなか城を落とせない無策ぶりに焦(じ)れた武将たちが突然寝返り、尼子側についたのである。

城内の士気は新しい戦力を得たことで一気に上がる。義隆は退却を余儀なくされ、1年4カ月にわたる尼子攻略は失敗に終わったのだ。

毛利元就の兵糧攻めと謀略でついに落城

この失敗を生かして月山富田城を落としたのは、智将・毛利元就である。

大内氏による尼子攻めの22年後の永禄8（1565）年、元就は月山富田城を攻め落とすべく城を包囲した。尼子氏の当主は晴久の嫡男・義久に代っていた。

主郭部付近から見下ろす山中御殿（左手の平らな部分）と七曲

元就は総攻撃を仕掛けて失敗すると、いったん兵を退いて戦略を変える。いたずらに攻撃して戦力を削ぐことなく、腰を据えた兵糧攻めを仕掛けたのだ。やがて城内の食糧が底をつき、餓死者が続出して投降する者も出始めた。

しかも、元就の謀略によって義久が重臣を殺害するという事態も起きるなど城内は混乱し、さらなる投降や脱走を招く。そして永禄9（1566）年11月28日、義久はこれ以上の籠城は無理だと判断し降伏を決めたのである。

知略によって各地の武将を打ち破ってきた元就を前にしては、天空の城と呼ばれた難攻不落の城も、その門を開くしか術がなかったのである。

内通によって落ちた堅牢な山城　七尾城の戦い

謙信を苦しめた城

上杉謙信といえば、「軍神」「越後の龍」などの異名をとる名将だ。みずからを戦の神である毘沙門天の生まれ変わりだと信じていたという謙信は、戦国時代最強の武将の一人に数えられるほどの強さを誇ったが、その彼を苦しめたのが能登半島に建つ七尾城だ。

七尾城は能登畠山氏によって築かれた山城（やまじろ）で、石動山に連なる北側の標高300メートルの尾根に建つ。

松尾、菊尾、亀尾、虎尾、梅尾、竹尾、龍尾という七つの尾根に、本丸や二の丸、三の丸、重臣たちの屋敷などを配置している。東西0・8キロ、南北2・5キロ、面積は200ヘクタールに及ぶという巨大さは北陸最大級である。

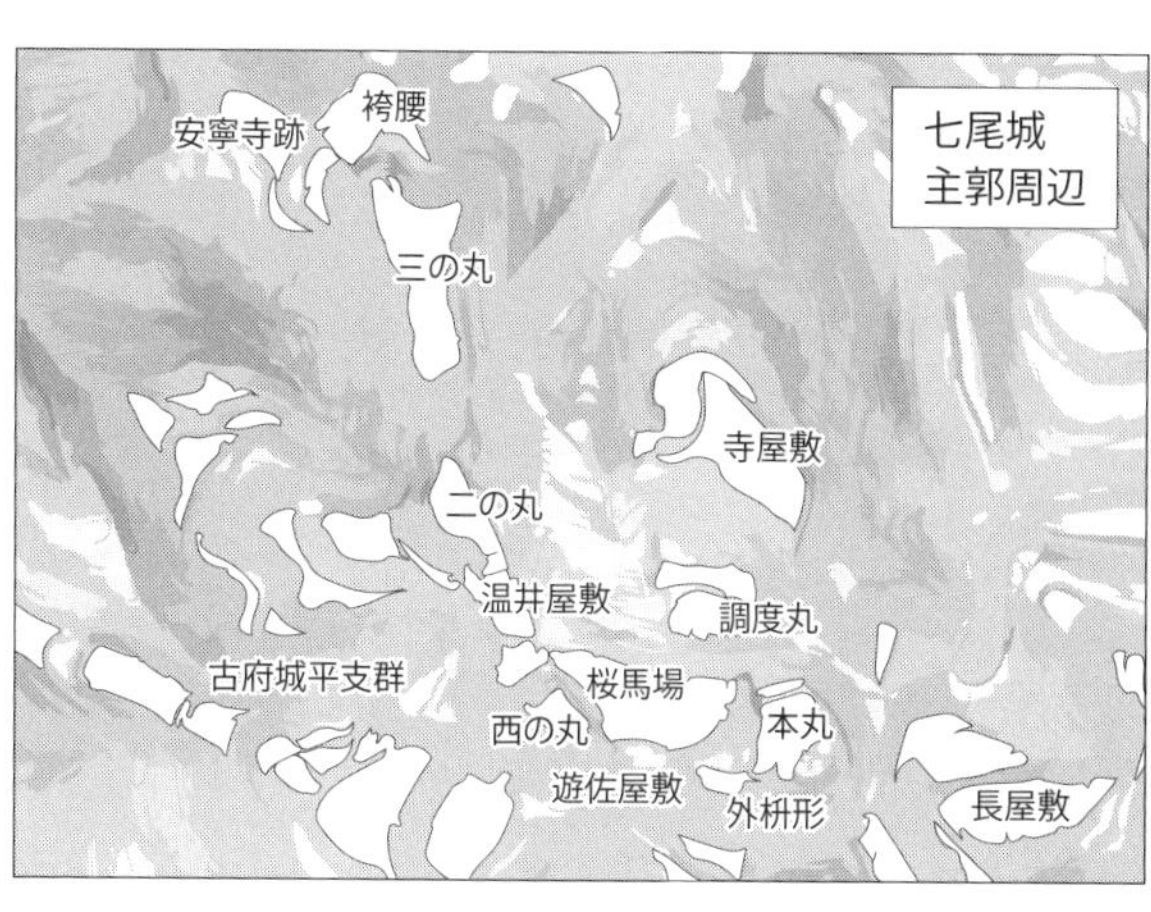

城の東側には木落川が、そして西から南には大谷川が流れ、天然の外堀となっていた。山間の険しい地形を生かした山城は、仮にひとつふたつの砦を落とされた程度では、本丸に影響はないといえるほどの堅い守りを誇っていた。

天然の要塞ともいえる七尾城は、破竹の勢いを誇った謙信軍を9カ月間も攻めあぐねさせたのである。

内部分裂した畠山家の家臣

元亀4（1573）年に宿敵武田信玄が病に倒れた後、謙信の敵は天下統一を目論む織田信長となった。七尾城をめぐる戦いの狙いは、北陸地方に侵攻し始めていた信長の行く手を阻むことにあったのである。

謙信は七尾城に使者を出し、織田側ではなく上杉側につくように伝えたが、畠山氏はこれを拒否した。しかしこのとき、畠山氏の家臣たちは織田側の長続連（ちょうつぐつら）を始めとする長一族、遊佐続光（ゆさつぐみつ）らの謙信派などに割れていたのだ。このことが七尾城の戦いの結末を大きく左右することになった。

天正４（１５７６）年11月、織田派についた七尾城に対し、謙信は天神川原に陣を構えて激しい攻撃を仕掛けた。しかし、堅牢で知られる七尾城を攻めあぐねて越年してしまう。そこで、本城への攻撃よりも周辺にある支城への攻撃に転じ、七尾城を孤立させる作戦に出た。

内通によって落ちる

支城を落とされた畠山勢は籠城して耐えることを選んだ。

しかし、時期が悪かった。籠城を始めたのは7月で、夏の暑さで食糧は腐敗し、水は不足する。衛生状態が悪化して疫病が流行し、畠山の幼い当主であった春王丸も疫病で命を落とした。長続連は信長に援軍を要請したがそれもやってこない。

ここで動いたのが、謙信側につくことを主張していた遊佐続光や温井景隆たちだ。ひそかに謙信に通じ、城内で反乱を起こして長一族を殺害、開城してしまったのである。

天正5（1577）年9月15日、最初に謙信が七尾城を攻めてから1年近くが経過していた。結果的に開城したものの、あくまでも内部からの切り崩しであり、七尾城が堅牢な山城だという評価は揺るがないだろう。

謙信は七尾城を陥落させ、手取川で織田軍を撃破して春日山城に帰還し、上洛の準備をしていた矢先に城内で急病のため亡くなった。

つまり、七尾城は戦の神の生まれ変わりとみずからを称した謙信にとって生涯最後の苦しい城攻めとなったのである。

籠城戦に勝って中国地方を手にした元就　厳島の戦い

元就の敵を混乱させる作戦

籠城というと、城に籠って耐え、相手があきらめるのを待つという防戦一方の戦略というイメージがあるが、その本質は違う。巧妙に罠を張って敵方をあざむき、積極的に仕掛けていくのも籠城戦なのだ。

数多（あまた）ある籠城戦のなかでも有名なもののひとつが、戦国時代に名を馳せた武将・毛利元就が行った弘治元（1555）年の厳島の戦いだ。

厳島と宮尾城をめぐって厳島全体が戦場となったこの戦いの鮮やかな勝利は、当時60歳だった毛利元就の名前を改めて全国にとどろかせた。

元就は、中国地方の覇権を争っていた陶晴賢（すえはるかた）との戦いで、圧倒的な兵力の劣勢をものともせずに知略をめぐらし、奇襲を畳みかける。

厳島を描いた絵図。左下に宮尾城、右下に厳島神社がある。(「芸州厳島御一戦之図」)

まず、情報戦を仕掛けて、確実に晴賢の手の内を混乱させる作戦をとり、晴賢の片腕だった江良房栄(えらふさひで)が毛利方に寝返ったという偽りの情報を敵の間者(かんじゃ)を利用して流した。

これを信じた晴賢は房栄を殺してしまうのだが、さらに元就は配下の桂元澄(かつらもとずみ)が陶方に寝返ったと見せかけて内通させたのである。

酔ったふりをしてつぶやいたひと言

敵方の内部をかく乱する下準備を整えながら、元就は厳島神社の北方に宮尾城を築いた。

海岸沿いの丘に築かれた宮尾城は、海から容易にアクセスでき、家臣たちは「敵に奪ってくれと言っているようなものだ」と反対した。

しかし、これは当時、圧倒的な兵力を持っていた晴賢に奇襲を仕掛けるための総仕上げだったのだ。

そして、家臣を交えた宴席で酔ったふりをして「築城は失敗。今攻められたらひとたまりもない」というつぶやきをわざと敵の間者に聞かせた。

海戦は不利として二の足を踏んでいた晴賢もこれによって襲撃を決意し、2万もの兵を厳島に送り込んだ。

戦力では圧倒的に毛利方を上回る陶軍だったが、ここで毛利元就の最後の一手が冴え渡った。元就の実子である小早川隆景（たかかげ）が、当時の瀬戸内海で大きな勢力を誇っていた村上水軍の加勢を求めて動いていたのである。隆景は村上水軍への使者として乃美宗勝（のみむねかつ）を送っているが、有力な武将であった宗勝を使者に立てたのは隆景の敬意の表れである。

隆景の思いが通じ、陶方からも協力を要請されていた村上水軍は結局毛利方についた。毛利軍がすわ落城かという劣勢に苦しんでいた矢先に、宮尾城を攻める陶軍の後方から攻め込んだのだ。

陶軍が厳島に渡ったことを知った元就は、本隊を率いて一気に厳島に上陸した。その日は暴風雨が吹き荒れており、嵐に紛れて陶軍の背後に回ることで数の上の不利をひっくり返したのだ。

同時に、隆景も自身の小早川水軍を率いて海上から陶軍に迫った。村上水軍が陶軍の加勢に来たと見せかけて近づき、接近戦を仕掛けたのである。

大軍だったことでかえって身動きが取れなかった晴賢の軍は、嵐の中で毛利軍と村上水軍の挟み撃ちにされたことで大混乱に陥り、あっという間に切り崩されてしまう。脱出に失敗した晴賢は自害し、戦は元就の圧勝に終わった。

厳島の戦いによって瀬戸内海の覇権は元就の手中に収まり、中国地方の覇者としての地位を確実なものにしたのである。

日本初の火力戦を制した毛利の粘り勝ち　門司城の戦い

ポルトガル艦隊による砲撃

陶晴賢、大内義長を倒し、破竹の勢いで中国地方の覇権を手にした毛利元就が次に手を伸ばしたのが九州地方である。その足がかりとして元就が目をつけたのは、滅亡した大内氏の城だった門司城だ。

門司城は大内氏の後、豊後地方の大友宗麟にゆだねられるはずだったが、元就はそこへ三男・小早川隆景を差し向けた。その結果、隆景は永禄元（1558）年に門司城を奪取して、九州攻略の拠点とすることに成功した。

これが、門司城をめぐる大友氏と毛利氏の争いの始まりとなる。

門司城は、関門海峡がもっとも狭くなる早鞆ノ瀬戸に面して築かれている。古くは壇ノ浦の戦いの舞台となったその場所は、現在も海上交通の要所だ。

中国やポルトガルなどの海上貿易で多くの利益を上げていた大友氏にとって、門司城は単なる城ではなく、貿易の要である関門海峡を抑えるために重要な拠点だった。中国地方から九州にかけて勢力を拡大したい毛利氏とは完全に利害が衝突するため、みすみす手を引くわけにはいかなかったのだ。

門司城の争奪戦は数回の衝突を招いたが、その中でももっとも有名で、かつ最終的な勝敗を決めたのが、永禄４（１５６１）年の戦いである。

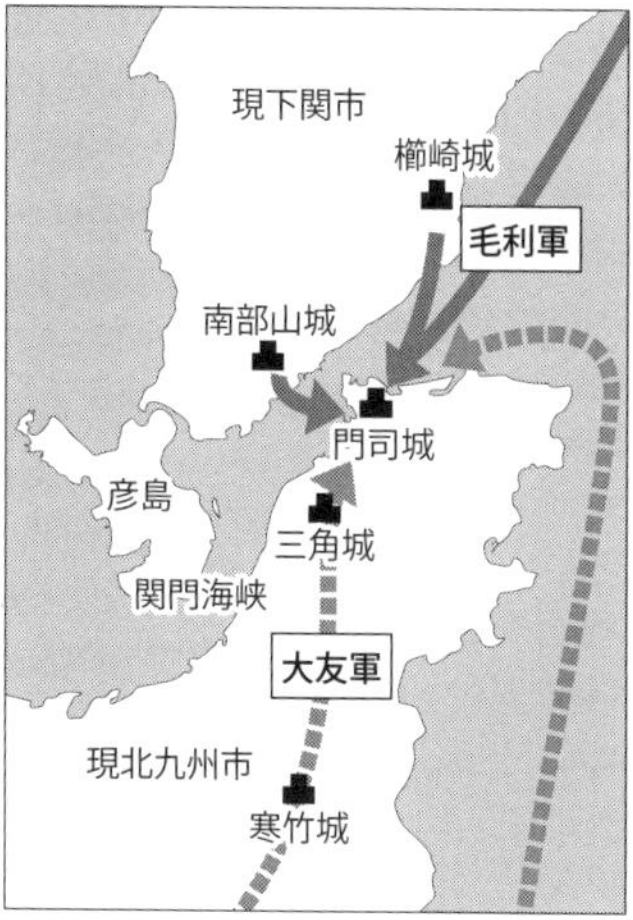

宗麟は１万５０００人の軍に門司城を攻撃させたが、なかなか攻め落とすことができない。そこで大友側は毛利方優勢に傾いていく戦況を立て直すため、奇襲ともいえる攻撃を仕掛ける。

貿易上親交のあったポルトガル艦隊に対して、門司城を占拠する毛利軍に対して砲撃を依頼したのだ。砲撃自体はそれほど激しいものではなく、勝敗の行方に影響を与えるものではなかったという説もあるが、門司城の毛利軍に与えたインパクトは小さくはなかったはずだ。

毛利の忍耐力に敗北した大友氏

ポルトガル艦隊の砲撃とともに大友軍が門司城に迫っていることを聞きつけた元就は、再び隆景を門司城に向かわせ、厳島の戦いを彷彿とさせる謀略を用いて大友軍に反撃を加えた。このとき門司城には、大友氏の差し向けた内通者が潜り込んでいた。それに気づいた隆景はそれを逆手に取り、偽の狼煙を上げて大友軍を誘い込む。そしてみずから城外で全軍を指揮し、大友軍を迎え撃ったのだ。

さらに、元就の嫡男・隆元の命を受けた乃美宗勝（のみむねかつ）と児玉就方（こだまなりかた）が大友軍の背後に回り、敵陣に切り込んだ。敵の猛将・伊美鑑昌と一騎打ちになった宗勝は、みずからも負傷しながらそれを討ち取ったという。

結果、攻撃に耐えた毛利軍に、大友軍は撤退を余儀なくされた。

本丸に残された砲台跡（右手上部）

大友氏が仕掛けたポルトガル艦隊による砲撃は、物理的なダメージを与えるよりも、奇襲を仕掛けて敵の戦意を削ぐという狙いが大きかったようだ。しかし、奇襲といえば元就の十八番である。みすみすそれに翻弄されては沽券にかかわる。不利な状況でも、みごとな戦略で数々の戦いを勝ち抜いてきたのが元就なのだ。

その後も大友氏と毛利氏の衝突は続いたが、将軍・足利義輝の調停によって、とうとう門司城は毛利軍のものとなった。

門司城の戦いは日本初の艦載砲による火力戦という言われ方もされるが、最後には、奇襲に耐え続けた元就の粘り勝ちともいえる結末を迎えたのである。

歴史のターニングポイント　長篠の戦い

勝頼が重臣の進言を無視した理由

織田・徳川軍が武田軍を破り、戦国時代のターニングポイントとなったともいわれるのが、天正3（1575）年の長篠の戦いだ。

この戦いでは、味方の裏切りと圧倒的兵力差による慢心や、戦いの舞台となった長篠城の堅い守りが武田軍を翻弄した。

設楽原（したらがはら）を戦場とした長篠の戦いでは、織田・徳川軍の約3万8000人に対し、武田軍は2万に満たない兵力であり、重臣たちは撤退を進言した。しかし、武田勝頼はそれを聞き入れず進軍して惨敗、勝頼は数名の従者と共に敗走するという結果になった。

勝頼が重臣の進言を無視したのは、設楽原に進軍する前の長篠城での戦いに理

城跡付近の川の合流点

由がある。
長篠城には武田側から織田・徳川側に寝返った奥平貞昌が500人の兵と立てこもっていた。そこを取り囲んだ武田軍は1万5000人で、勝頼が勝利を疑わなかったことも無理はないだろう。
ところが、勝頼は長篠城を攻め落とすことができなかったのである。

勝頼のふたつの誤算

勝頼の第一の誤算は、長篠城の地理的要因にある。
長篠城は川幅も広く崖も高い大野川（現在の宇連川）、寒狭川（現在の豊川上流）という2本の川の合流点にあった。つまり、地形的に守りが堅い。さらに、水路のない北側には空堀と土塁が築かれており、突撃するのは容易ではなかった。

第二の誤算は、城主である奥平貞昌の覚悟だ。

貞昌は武田軍から見れば裏切り者であり、たとえ降伏したとしても死は免れないだろうと、開城せずに最後まで城を守り抜くことを決意していた。

水路側からいかだを使って攻め入ろうとした武田軍に対し、城に残る兵たちは激しく抵抗した。圧倒的な兵力の差があっても、開城すれば死を意味する奥平側と、たった500の兵力を前にして戦っている武田軍の兵たちでは必死さが違う。

水路をあきらめ、空堀と土塁にも阻まれ、地下道を掘って攻め入ろうとするも失敗し、結局武田軍は長篠城を落とすことができなかったのである。

この功績で、貞昌は信長から一字をもらって信昌と改名している。

籠城戦に勝てなかった武田氏の滅亡

膠着（こうちゃく）状態になっていた長篠城の戦況を知ると、信長と家康が大軍を率いてやって来た。

連合軍は長篠城から少し離れた設楽原に陣を張り、武田軍をおびき寄せた。

連合軍の兵力を知ると武田の重臣たちはいったん撤退し、信長の帰国を待って再度出兵するようにと進言した。しかし、長篠城を攻めきれなかった勝頼は冷静な判断力を失っており、重臣たちの意見を聞き入れることなく設楽原に進軍してしまったのだ。

それを待ち受けていた織田・徳川連合軍は、武田騎馬軍団を封じるための馬防柵を張り巡らし、一説には３０００丁とされる鉄砲で迎え撃った。武田側の死者は1万人にも達したという。

勝頼の先代である武田信玄が育てた武田軍の強さは、戦国最強とうたわれるにふさわしいものだった。しかし、たった５００人が籠城する城を切り崩せなかったことで衰退の一途をたどり、その7年後の天正10（１５８２）年、天目山（てんもくざん）の戦いに敗れて滅亡するという末路を迎えてしまったのである。

秀吉得意の「兵糧攻め」　三木城・鳥取城の戦い

三木城で行われた「干殺し」

「今はただうらみもあらじ諸人のいのちにかはる我身とおもへば」

兵庫県三木市にある三木城本丸跡に建つ歌碑は、「三木の干殺し」によって自害に追い込まれた三木城城主・別所長治の辞世の句である。

三木城は、織田信長と対立していた毛利方にくみする別所氏の本拠地だ。毛利氏は信長にとって全国統一を阻む存在であり、毛利の本拠地を攻めるためにも地理的にその足がかりとなる三木城は是が非でも手に入れたい拠点だった。

三木城は丘の上に建てられた城で、北側には美嚢川が流れており、簡単には攻められない天然の要塞のようなつくりになっている。そこで豊臣秀吉は、直接三木城を攻めるのではなく、周辺の城を確実に攻め落としていき三木城を孤立させ

三木城の戦いを描いた絵画（『絵本太閤記』より）

て兵糧攻めにする戦法を選んだのである。

支城が徐々に秀吉の手に落ちていった結果、城への食糧補給路が断たれ、城内に残る7000人余りの人々は飢えに苦しんだ。

城内の様子を見た長治は、みずからと一族の命と引き換えに城内の人たちの命を助けてくれるように秀吉に嘆願した。

こうして22カ月にも及んだ籠城の末、長治以下一族は切腹となり、天正8（1580）年1月に三木城は開城したのである。

この三木城の戦い以降、秀吉は兵糧攻めをしばしば戦術として用いるようになったが、三木城開城の翌年の鳥取城への兵糧攻めは、秀吉の戦歴の中でも会心の一戦ともいえる兵糧攻めとなった。

黒田官兵衛が仕切った「鳥取の飢え殺し」

当時の鳥取城城主は、応仁の乱で活躍した山名氏の流れを汲む山名豊国だった。豊国は毛利方についていたが、秀吉側に寝返り降伏した。しかし家臣たちはこれを不服として豊国を追放し、毛利方から新しい城主として吉川経家を迎え入れた。経家は入城してすぐに、対秀吉戦に備えて備蓄米の確保にとりかかった。

ところが、経家の家臣たちが近隣で米を買いつけようとすると、米がない。じつは、秀吉のさしがねによって、大勢の商人が相場の何倍もの高値で米を買い占めていたのだ。

このとき秀吉軍の参謀だったのは、軍師と名高い黒田官兵衛である。

鳥取城は標高263メートルの久松山の山頂に建てられており、「天より釣りたくなる山城」との呼び名もあった。たとえ多勢であっても、通常の攻撃では、その地理的な障壁のために返り討ちにあってしまう可能性が高い。籠城戦になると読んだ官兵衛の進言で秀吉は周囲の米を買い占める一方で、鳥取城を中心にぐるりと兵を配置して、周囲から城への補給路を完全に封鎖した。この布陣が完成

鳥取城内の飢えを描いた絵画

したのは天正9（1581）年7月のことだった。

さらに秀吉軍の兵士は、領内の農民たちのもとに押しかけて乱暴を働いた。そのために、助けを求めて農民が城内に逃げ込んだことで、城内の人数は当初の1500人が4000人にまでなってしまったのだ。

経家の目論見では冬まで粘れるはずが、8月に入るころには城内の食糧は底をついてしまった。

城内の犬猫やネズミ、昆虫、草木に至るまで口にし、さらには餓死者が続出するようになると、その死骸にさえ群がる凄惨な光景が繰り広げられたという。

そして、とうとう10月25日、経家は城内の家来の命と引き換えに、切腹することを条件に秀吉に降伏することになったのである。

沼の中に建てられた難攻不落の城　忍城(おしじょう)の戦い

三成が指揮した沼地での水攻め

埼玉県行田市にある忍城は、軍記物『管窺武鑑(かんきぶかん)』の中で関東七名城のひとつとして挙げられている。難攻不落の城として名高く、北条氏康(うじやす)や上杉謙信もその堅い守りに攻めあぐねた。

小田原城の支城である忍城の一番の特徴はその立地にある。埼玉県から東京都を流れて東京湾にそそぐ荒川の氾濫がつくり出した忍沼の中に建てられているのだ。本丸を中心に沼地の中に点在する浮島を曲輪(くるわ)とし、それぞれを橋でつないだ構成になっている。

忍城が舞台となった戦いのなかでもっとも有名なのは、天正18（1590）年に豊臣秀吉によって行われた水攻めだろう。

当時、秀吉は水攻めを得意とした武将として知られており、備中高松城攻めをはじめ、紀伊太田城攻め、そして美濃竹ヶ鼻城攻めなどが有名だ。

戦を指揮したのは石田三成で、後の豊臣政権で五奉行にも数えられるほど有能な武将だが、一方で「戦下手」という評価もつきまとう。そのイメージを決定づけたのが、この忍城への水攻めなのだ。

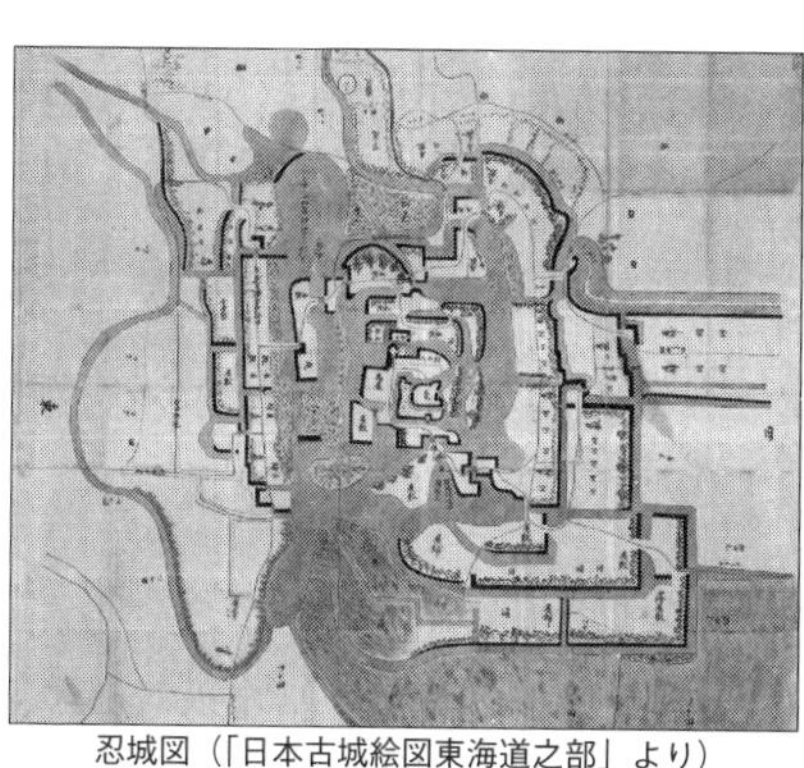
忍城図（「日本古城絵図東海道之部」より）

水害に高い備えを持っていた「浮き城」

秀吉から水攻めを命じられた三成は、まず近隣の人夫を集めて1週間ほどをかけて忍城の南方に元荒川と利根川を結ぶ28キロメートルの堤防を築き、完成した堤の内側に川の水を一気に流したのである。

ともに関東の一級河川としての豊富な水量を誇る川の水を流せば、当然城は水びたしになり、あっという間に落ちるだろうというのが三成の狙いだった。当時の忍城の城主であった成田氏長(うじなが)は、本城である小田原城に籠城していたために不在だった。この城主不在の状況を聞きつけ、秀吉が攻撃を急いだのもうなずける話だ。

しかし、忍城の背後を流れる荒川は、〝暴れ川〟という異名もある水害の多い川である。その荒川がつくり出した沼地に建てられているという特殊な地理的条件を考えても、当然、日常的な水害への備えはほかの城とはレベルが違っていたといえる。忍城は別名「浮き城」とも呼ばれ、どれほどの水害にあっても大きなダメージを受けることはなかったとされるほど水に強い城だったのだ。

荒川の氾濫で270名以上の兵を失う

それに加えて、城攻めのタイミングも三成には災いとなった。ときは6月、梅雨の時期である。豪雨によって三成が築かせた堤防が決壊し、荒川の氾濫による濁流が三成の兵たちに襲いかかったのだ。

結果的に、忍城の戦いでは秀吉方の270人以上の兵が命を落としたのである。

復元された御三階櫓

忍城が開城したのは、小田原城が開城した数日後のことだ。小田原城にいた城主氏長の勧告によるもので、結局三成が攻め落とすことはできなかった。指揮を執った三成は、多くの兵を失ったうえに城主不在の城を攻め落とすことができなかった戦下手というレッテルを貼られてしまう。

ただ疑問なのは、水攻めを得意とし、戦術には長けていたはずの秀吉がなぜ忍城に対して効果の薄い水攻めを選択したのかということだ。秀吉の判断ミスか、それとも三成の報告に不備があったのか、真相は不明だ。いずれにしても、この戦が忍城の堅い守りを後世に伝えるエピソードになったのは間違いないだろう。

1日足らずで落城した城　八王子城の戦い

深沢山の険しい地形を生かす

天正18（1590）3月に始まったのが、豊臣秀吉による小田原征伐だ。四国と九州を手中に収めた秀吉が関東の制圧に乗り出したのである。

当時の関東で勢力をふるっていたのは小田原を拠点とした北条氏で、北条氏をつぶすことは秀吉の天下統一には不可欠だった。めざしたのは敵の本陣、小田原城である。

しかし、小田原城は難攻不落の城として知られ、武田信玄や上杉謙信をも撃退した鉄壁の守りを誇る。いかに秀吉といえども、そう簡単に攻め落とすことは不可能だと思われた。

そこで秀吉は、小田原城を包囲して孤立させ、その周辺にある支城を片端から

八王子城御主殿跡（たき /PIXTA）

攻め落としていくという戦法をとったのだ。

小田原城にはその周辺に50を超える支城や砦があり、さっそく秀吉はそこに別動隊を差し向けた。

その一連の戦のなかで、もっとも壮絶な末路を迎えたのが八王子城なのだ。

八王子城は関東屈指の大きさを誇る山城（やまじろ）で、北条氏照（うじてる）によって築城された。

氏照がもともと拠点としていた滝山城はなだらかな山の上にあり、防衛の点で問題があった。そこで標高約470メートルの深沢山の険しい地形を生かした八王子城の建設に取りかかったのだ。

築城術に長けていたとされる北条氏が築い

た八王子城は、山の尾根や谷などの複雑な地形を利用して築かれている。

また、関東の城のなかでも屈指の大規模な土塁と空堀があり、戦国時代の山城の典型的な造りになっている。

険しい地形を生かした堅い守りで知られ、北条氏にとっては関東一帯の領地を守る要の城のひとつとなっていたのである。

猛攻撃で血に染まった滝つぼ

秀吉は一夜城として有名な石垣山城を築いて小田原城に迫る一方（196ページ参照）で、着々と支城を制圧していった。松井田城に続いて鉢形城を制圧し、秀吉軍は城主・氏照が小田原城に詰めていて不在だった八王子城に猛攻撃をかけたのである。

この八王子城攻めに参加した前田利家軍と上杉景勝軍ら総勢3万5000の大軍に対し、北条氏側は城に残る横地監物（けんもつ）、中山勘解由（かげゆ）などの家臣、女性や子どもなどの家族、領民3000名ほどだった。いかに堅い守りを誇るとはいえ城に残る兵力はわずかで、勢いづいた大軍とでは勝負になるはずもない。

山城の下に築かれた居館地区から攻め入った秀吉軍はそこに住む人たちを追い立て、一気に山の頂に立つ要害地区に突入した。

大きな城の前後から一気に攻め入る前田・上杉軍は、北条の家臣たちを次々と討ち取り、残されたのは、領民や女性、子どもたちばかりだった。

そしていよいよ落城となると、彼らはみずから命を絶ち、城の御主殿の下にある滝に身を投げた。滝から流れる水は、三日三晩その血で赤く染まったという。

こうして、八王子城は攻め入られてから1日ほどで落城してしまうのだ。

これは、いかに秀吉勢の勢いがすさまじかったのかを物語るスピードだ。城内にいた家臣のうち、1300人ほどがその日のうちに命を落としたのである。

支城の要だった八王子城の落城は、小田原城に詰めていた北条軍に大きなショックを与え、これをきっかけに小田原城は降伏・開城を余儀なくされた。

そして長らく続いた戦国の世は、豊臣秀吉による天下統一で終結したのである。

徳川の大軍を二度にわたって撃退した　上田城の戦い

徳川軍を翻弄した百間堀(ひゃっけんぼり)

上田城を築城した真田昌幸は、武田信玄のもとで活躍した武将である。武田氏の滅亡後、北条氏政から徳川家康へと鞍替えしたが、上野国(こうずけのくに)沼田領をめぐって家康と対立し、離反した。それに怒った家康が上田城を攻撃することを決意し、天正13（1585）年、第1次上田合戦が起こった。

上田城は、上田盆地のほぼ中央に位置する。河岸段丘上に築かれた城で、当時は南側の崖下には千曲川の支流が流れ、その川を天然の堀として利用していた。東・北・西と本丸を囲む堀は素掘りで、掘った土を堤状に積み上げて土塁としていたという。さらに、北西側には「百間堀」と呼ばれる堀があり、現在ではその跡地が陸上競技場と野球場に利用されているほど大きな堀だった。

現在の百間堀跡

しかし、いかに自然の利を活かしているとはいえ、平地につくられた平城(ひらじろ)だ。

また、当時の上田城は天守があったかどうかが不明で、仮に天守がなかったとすると、徳川軍に「たいした城ではあるまい」と侮られても不思議ではない。

しかも、家康が重臣の鳥居元忠と大久保忠世(ただよ)に預けた軍勢は約7000。一方の真田軍は昌幸とその息子の信幸らに加えて、武田の遺臣や領内の農民まで動員しても、騎馬200、雑兵1500程度だったといわれる。

徳川軍を慌てさせた「千鳥掛けの柵」

圧倒的な兵力の差から野戦は不利だと考え

た昌幸は、まず息子の信幸らに兵を与え、上田城の東の防衛線である神川付近まで進軍してきた徳川軍を迎え撃たせた。小競り合いをさせては退却するという方法で、徳川軍を上田城までおびき寄せ、上田城で撃退しようと画策したのである。

それにまんまとのった徳川軍は「敵が敗走している」と思い込み、信幸らの軍を追撃して上田城内に侵入。信幸らの軍は三の丸の横曲輪（よこぐるわ）にいったん逃げ入った。

昌幸の策略とも知らずに勢いに乗った徳川軍は本丸の周りに構えられた二の丸も難なく突破し、残すは本丸を落とすのみだと一気に押し寄せた。

ところがこのとき、真田軍が突如として反撃に転じたのである。昌幸の真田本隊が本丸から撃ち出たのに加えて、信幸らの兵が横曲輪から徳川軍の側面を攻撃したのだ。別動隊が背後からも攻撃し、奇襲に驚いた徳川軍は大混乱に陥ったのである。徳川軍は総崩れになり退却を余儀なくされるが、真田軍が町屋に火をかけたこともあり、さらに動転する。しかも、逃げ出す徳川軍をますます慌てさせたのが、昌幸があらかじめしかけておいた「千鳥掛けの柵」だった。

千鳥掛けの柵とは城外に向けて八の字に設けられた柵で、城に侵入するときは容易に通れるが、城から出ようとするときには狭くて通りにくい工夫がされたものだ。これが城下に大量にしかけられていたため、敗走する徳川軍は逃げ道を阻まれて大量の死傷者を出すことになる。

川に飲まれて命を落とした徳川兵

さらに真田軍は退却する徳川軍を追撃し、もう一隊が真田の支城である戸石城から出陣して徳川軍の側面をついて混乱させた。

神川まで追いつめられた徳川軍は川を渡って逃げようとしたが、折しも神川は雨で増水していて、多くの徳川兵が濁流に飲まれて命を落とした。

両軍はこの神川付近で激しく戦ったが、日が暮れたことで真田軍はそれ以上の追撃をせずに退却した。この戦いでの徳川軍の戦死者は1300余名を数え、一方の真田

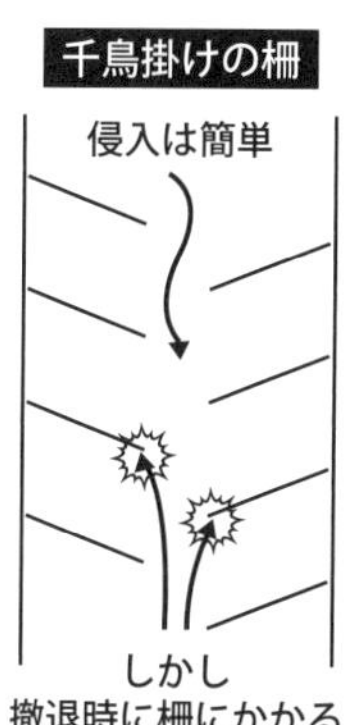

の戦死者は40名といわれる。徳川軍の大敗だった。

翌日、上田城を落とすのは難しいと考えた徳川軍は、支城の丸子城を攻撃するも、真田軍の猛攻で丸子城も落とせず、膠着状態に入る。やがて徳川軍に援軍が着陣するという矢先になって、徳川の重臣だった石川数正が豊臣秀吉に寝返るという事件が起こり、徳川軍には家康から撤退命令が下る。こうして徳川軍は引き上げを開始し、約3カ月にわたる第1次上田合戦は終わりを迎えたのだ。

城外に出ては挑発し、小競り合いを繰り返す

続く第2次上田合戦は、豊臣秀吉の死後、政権運営の実権を握ろうとしていた家康に対抗して石田三成が挙兵したことに端を発する。

この戦いで、父の昌幸と次男の信繁（幸村）は三成側の西軍に、嫡男の信幸は家康側の東軍について戦うこととなった。

上田城に籠城した昌幸らの真田軍は、関ケ原の合戦に向かう途中の徳川秀忠が上田城を明け渡すようにと要請してきたのに対し、返事を引き延ばしている間に

錦絵「真田父子上田籠城図」（上田市立博物館）

合戦の準備を整えた。

しかし、城の明け渡しには応じず、城外に出ては徳川軍を挑発し、攻め込んできた徳川軍を撃退するなど小競り合いを繰り返した。そのため、秀忠の3万8000の軍勢は、わずか3000の真田軍に翻弄され、まもなく上田城の攻略をあきらめて関ケ原の合戦へと向かうことになる。

しかし、この足止めにより、秀忠率いる徳川の本隊は関ケ原の合戦に間に合わないという大失態をおかしてしまったのだ。

関ケ原の合戦後、昌幸の築いた上田城は破却され、昌幸・信繁親子は九度山（くどやま）に流され、昌幸はその地で無念のうちに没している。

大坂の陣
出丸・真田丸が勝敗の行方を決めた

守りの弱い部分に出現した真田丸

関ケ原の合戦の勝利により天下の権を握った徳川家康だったが、その後も大坂城にはまだ豊臣秀吉の遺児である秀頼がいた。慶長19（1614）年、この目の上のこぶのような存在を討つために、家康は徳川方約20万人の大軍で大坂城を包囲した。大坂冬の陣である。

一方、大坂城に集結した豊臣方は、真田信繁（幸村）や後藤基次（又兵衛）などの浪人衆がほとんどだった。しかも、兵力は約10万と幕府軍の半分である。

しかし、勝敗は簡単にはつかなかった。圧倒的な兵力の差を埋めたものがあったからだ。当時最強ともうたわれた大坂城の防御力と、真田信繁が築いた「真田丸」だ。

大坂城は、川や崖などの天然の要害と秀吉が築いた堅固な堀で守られていたが、城の南側は台地続きで堀も空堀があるばかりで、東・西・北に比べると防御が手薄だった。そこで、この弱点ともいえる南側を補うために信繁が巨大な出丸を築いたのである。出丸とは、城本体から外側に張り出して築かれた曲輪のことで、真田丸は最前線で敵を迎え撃てるように独立した形で構えられていたという。

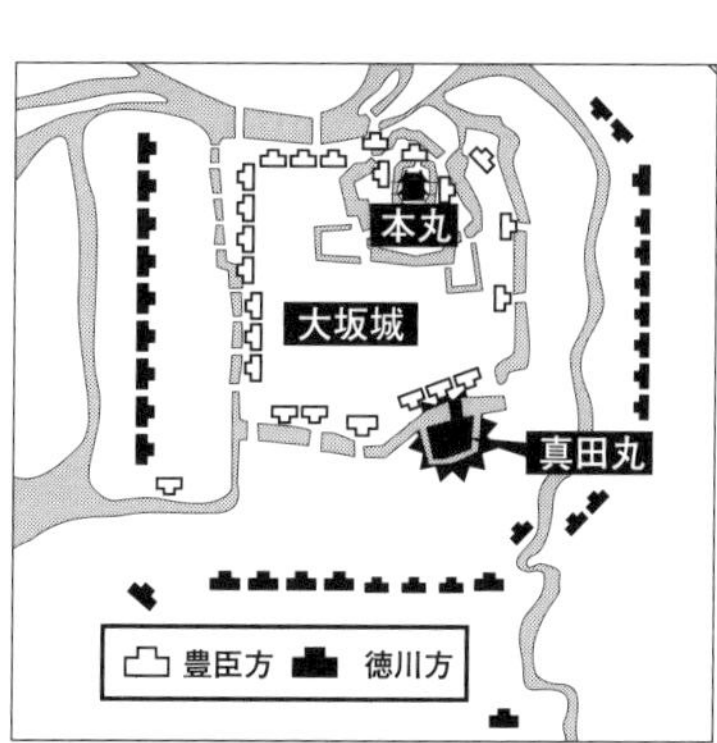

のちの大坂冬の陣のあとに埋められてしまったため、あまり痕跡が残っておらず詳細ははっきりとしないが、200メートル四方はあったのではないかといわれる。従来は前面が半円の形状をした武田流の丸馬出の構造を持つ出丸だと考えられていたが、近年では不等辺多角形だったという説もある。

いずれにしても、堀際には柵が三重に設けられ、土塁の高さは約9メートル、虎口が2カ所あったとされる。また、周囲には巨大な堀の存在も確認されている。東側は深さは8メートルの水堀で、あとは最大幅40メートルの空堀だったようだ。

信繁率いる真田軍はこの出丸から幕府軍を挑発し、敵が攻めてくると櫓や塀から弓や鉄砲で一斉に攻撃した。鉄砲のほか大筒、石火矢（126ページ参照）という火薬を用いて石を弾丸とするフランキ砲も用意されていたという。巨大な堀の底で身動きがとれなくなる兵も多く、幕府軍は多数の死傷者を出した。その数は数千人とも数万人ともいわれ、真田丸での戦いは豊臣方の勝利となったのだ。

和睦条件により破却される

甚大な被害を被った徳川方は無理な攻撃を避けることにし、持久戦に持ち込み、豊臣方の神経をまいらせたうえで講和を成立させた。

徳川方の講和条件は、二の丸や三の丸の破却、そして大坂城の鉄壁の守りとなっていた堀の埋め立てだった。この講和により大坂城は本丸以外のすべての堀が埋められ、真田丸も破却され、裸城同然となってしまったのである。

そして慶長20（1615）年、大坂城に再び浪人衆が集まっているという情報が家康の耳に入り、再戦が避けられない状況となる。大坂夏の陣の勃発だ。

しかし、大坂城の堀が埋められてしまった以上、籠城戦では豊臣方に勝機はない。城外に出て戦うしかなく、勝利の可能性があるとすれば、総大将である家康の首をとることだった。豊臣方は各地で奮戦したが、幕府側の大軍を前にして形勢を逆転するまではできず、家康本陣まで肉薄した真田信繁も、あとわずかのところで討たれてしまった。

また、何者かが城に火をかけたことも豊臣方の混乱を招き、大坂城はついに落城した。秀頼と淀殿は自刃し豊臣家は滅亡する。

戦国最後の戦いはここに幕を下ろしたのである。

「大坂冬の陣図」に描かれた真田丸

一揆勢が全滅した史上最大の内戦　原城の戦い

16歳の少年、天草四郎が率いた島原の乱で、最後の舞台となったのが島原にある原城である。

原城は15世紀に有馬貴純（たかずみ）が築いた城で、後に松倉重政が島原城を築いた際に、一国一城令に基づいて廃城となっていた。

クルスやデウスの旗を掲げた決死戦

島原の乱は、もともとは島原藩主松倉氏の圧政や重税に苦しんでいた農民たちの一揆だったが、迫害を受けていたキリシタンの多い地方だったことで彼らが賛同し、そこに加わったものだ。彼らは総勢3万7000人にもなったという。

寛永14（1637）年10月、一揆勢は松倉氏の居城である島原城と対岸にある富岡城をあと一歩で攻め落とすところまで迫るものの、攻め落とすことはかなわな

海のそばの原城跡（gooday/PIXTA）

かった。そこで一揆勢は原城に集結し、籠城戦を決意する。

有明海に突き出た丘の上に立つ原城は、海を背後にした天然の要害だ。一揆勢は、島原城の備蓄庫から武器や弾薬を大量に奪い、残っていた本丸に加えて新たに二の丸、三の丸、天草丸、鶴山出丸などを普請して原城に立てこもったのだ。

海に面した原城を選んだのは、同じキリスト教徒であるポルトガル船による援軍を待ったからといわれている。人々はクルスやデウスの旗を掲げて、殉教も覚悟の決死の戦いを繰り広げた。

この島原の戦況を受けた幕府は援軍を差し

向ける。しかし、12万ともいわれる幕府軍が到達するまで、一揆勢は周辺の大名による攻撃を何度も撃退した（104ページ参照）。

一般的には不利といわれる籠城戦だが、相手は軍隊という状況のなかで一歩も引かない彼らの覚悟に対して到着した幕府軍も手を焼いた。

一揆勢のなかには百姓や女性、子どもだけでなく、働き口を失った浪人たちも多数含まれていた。彼らはいわば戦いのプロであり、それこそが一揆勢が数で勝る幕府軍に太刀打ちできた理由のひとつだ。

城内の士気を低下させたオランダ船の砲撃

なかなか攻め切ることができない戦況を見て、幕府は〝知恵伊豆〟の異名をとる松平伊豆守信綱を指揮官として送り込んだ。

予想しなかった苦戦を前にして、信綱は持久戦に持ち込むことを決めて、兵糧攻めを開始する。さらに、寛永15（1638）年1月、幕府は平戸港にいたオランダ商船を呼び寄せ、原城への砲撃を要請した。

船から発射された128発の砲弾による被害はなかったようだ。しかし、同じ信仰を持つはずの仲間からの攻撃は籠城するキリシタンたちに衝撃を与えた。

このことは、島原の乱の勝敗の行方を左右した決定的な出来事となる。籠城は3カ月に及び、城内の食糧は徐々に尽きていった。

2月28日、一斉に城内に攻め入った幕府軍は老若男女すべての人々を殺害し、島原の乱は一揆勢の全滅という結末を迎えたのである。

原城は幕府軍によって徹底的に破壊され、戦死者の死体も城の残骸とともに埋められて放置された。石垣も壊して土中に埋め戻され、城としての機能は再生不可能なほどの徹底ぶりだったという。

これによって、原城は近年の発掘調査が入るまでの長きにわたり、歴史の舞台から姿を消すことになったのである。江戸時代が本格的な平安を迎える前の、最後の激しい戦いでもあった。

薩軍の攻撃に耐え抜いた城　熊本城長囲戦

難攻不落の名城

熊本城は、築城の名手と呼ばれた加藤清正によって築かれた。

大規模な治水工事によって河川を堀として利用し、大天守と小天守に加えて49棟の櫓、18棟の櫓門、29棟の城門を備えた大城郭は日本三名城のひとつに数えられている。

城には数々の工夫が凝らされ、難攻不落の城として今も評価が高いが、最大の特徴は櫓と石垣だ。多門櫓や平櫓は敵の侵入を阻み、「武者返し」の石垣（56ページ参照）は上部が90度の急勾配で、忍者であっても決して越えることができないとされる。

築城は慶長6（1601）で、その後長い間戦場にはなっていなかったが、戦

熊本城

国時代が終わって久しい明治10（1877）年2月、思いがけず戦いの場となった。
西南戦争の一環として繰り広げられた、熊本城長囲戦である。

西郷の大軍に囲まれた熊本城

西南戦争といえば、西郷隆盛率いる薩軍が政府軍との激戦の末に敗退した戦いだ。

この戦争の勝敗を分けた天王山ともいえるのは有名な田原坂（たばるざか）の戦いだが、その戦いの直前に薩軍と政府軍がぶつかったのが熊本城なのである。

西南戦争の終盤、薩軍が北上を始めたという知らせを受けて、熊本鎮台司令長官だった谷干城は、熊本城での籠城を決めた。その前年の戦の疲れが兵士たちに残っており、まともにやり合っても勝ち目はないと判断したのだ。

谷は籠城を決めるとすぐに食糧を集め、城へ渡る橋を壊し、地雷を埋め、薩軍がやって来るのを待ち構えた。熊本城に籠城したのは3500人で、攻め入る薩軍は1万3000人の大軍だった。

多勢を武器にして城の四方から激しく攻撃を加えた薩軍だが、なかなか城に攻め入ることができない。激戦は3日間続いたが、結局、城の中に兵を進めることはできなかった。

その後、薩軍は熊本城の包囲に3000人の兵を残して田原坂の戦いに向かい、政府の追撃を受けて敗走する。

熊本城を囲む薩軍を切り崩して政府軍が熊本城に入城するまでの52日間、熊本城はまさに鉄壁の守りによって薩軍の攻撃に耐えたのだ。

「官軍ではなく清正公に負けた」

熊本城は、築城の際に城の南を流れる白川と坪井川という2本の川を整備し、二重の外堀の役目を果たしている。当時から敵方と想定していた薩摩が攻め入って来た時に備え、白川には橋も1本しか架けていないなど、徹底的に守りを強化している城だ。

城内のつくりも複雑を極め、曲がりくねった通路や、段差がバラバラでのぼりにくい階段が櫓からの攻撃を容易にするという構造になっている。たとえ城内に進入できたとしても、本丸までたどり着くのは容易ではないのだ。

熊本城を落とせないまま田原坂に兵を進めたものの、敗走に次ぐ敗走を重ねて、わずか370人余りの兵と鹿児島県の城山に戻った西郷隆盛は、そこで政府軍の総攻撃を受けて自害する。

彼は、「わしは官軍に負けたのではない。清正公に負けたのだ」とつぶやいたと伝えられている。清正が想定した攻撃は300年近くの時を経て現実となり、その圧倒的な守りの堅さを見せつけ、皮肉にも武士の時代の終わりを告げることになったのだ。

築城の名手

加藤清正（1562〜1611）

特徴：守備の堅さ

手がけた城：

熊本城（熊本県熊本市）
名護屋城（佐賀県唐津市）
佐敷城（熊本県葦北郡）
蔚山（うるさん）城（韓国蔚山広域市）

藤堂高虎（1556〜1630）

特徴：石垣の高さ

手がけた城：

和歌山城（和歌山県和歌山市）
上野城（三重県伊賀市）
赤木城（三重県熊野市）
今治城（愛媛県今治市）

黒田官兵衛（1546〜1604）

特徴：巧みな縄張

手がけた城：

中津城（大分県中津市）
福岡城（福岡県福岡市）

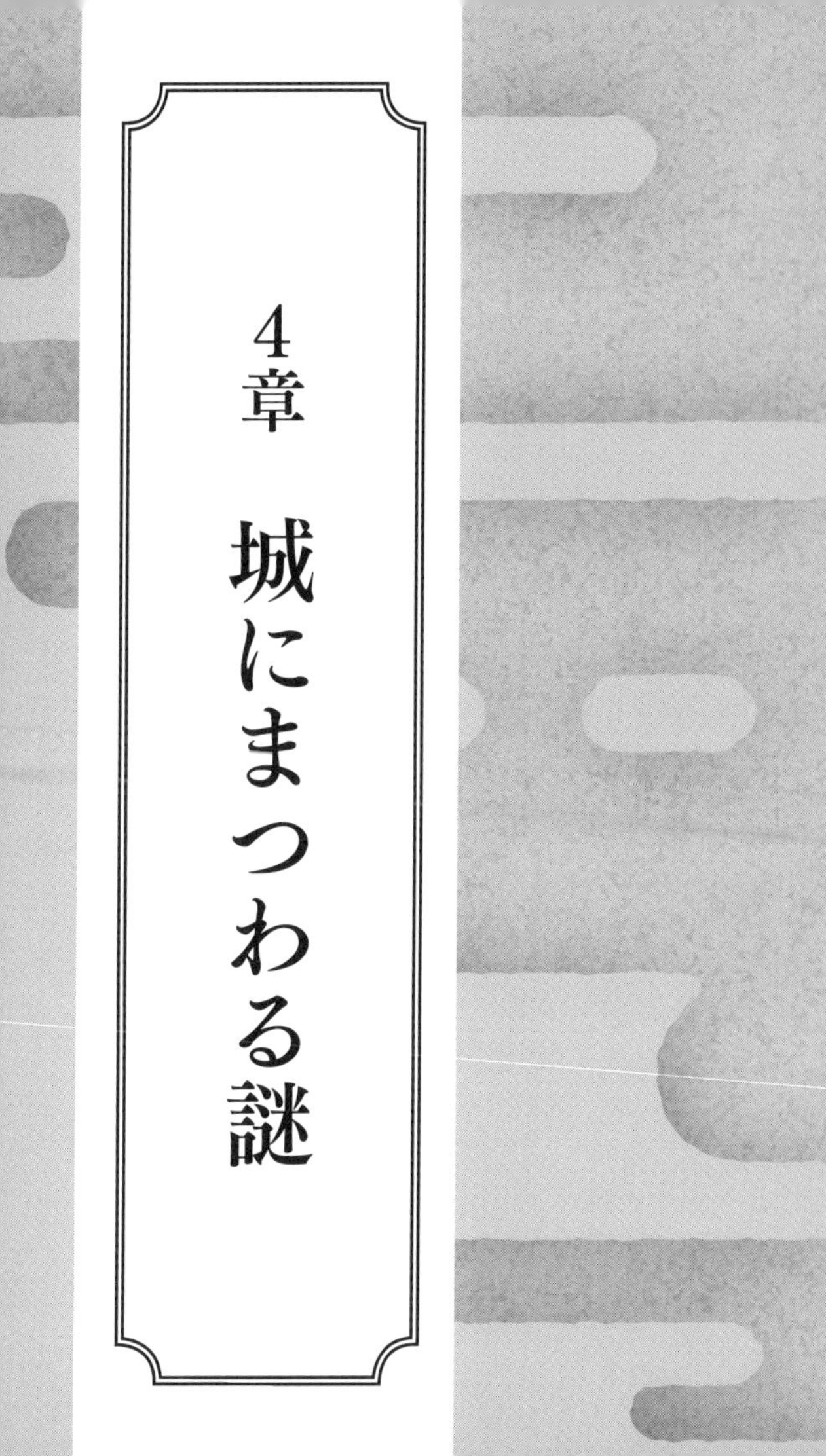

4章　城にまつわる謎

信長とともに消えた安土城

日本初の天守は信長の権力の象徴

織田信長はその生涯で6つの城に住んだ。なかでも有名な安土城は、その最後の居城となった城である。安土城の最大の特徴は、何といっても日本初の天守を備えた城であるということだ。高さ約13メートルの石垣の上に、約32メートルの豪華絢爛な天守が載っており、外見は5層だが、内部は地下1階地上6階のつくりで、5階は正八角形、6階は正方形という凝りようだった。

1階から4階までの外観は、黒漆の柱に白漆喰（しっくい）の壁、5、6階の望楼部は金箔や青、朱色の装飾が施されていた。内部の部屋の襖には狩野永徳ら狩野派一門による襖絵が描かれ、金箔を使った障壁画なども飾られる豪華さだった。

豊臣秀吉や徳川家康はこれを真似て、天守を備えた城をつくったのだが、特に

安土城資料館にある安土城天守の模型

家康以降の天守は外観のみを重要視しているため、内部は簡素なつくりのものが多い。
一方、信長にとって安土城は「天下布武(てんかふぶ)」の象徴であり、権勢を見せつけるためのものだった。それまでの戦うための城ではなく、見せるための城だったのだ。
天守はそのシンボルで、外部も内部もどの武将も真似できないほど豪華に築き、信長の威勢を知らしめた。実際に目にしたローマの宣教師たちが「欧州のもっとも壮麗な建造物に匹敵する」とイエズス会に報告したほどだ。安土城は、日本の建造物で初めて西洋に紹介されたものでもあったのである。

高い石垣を可能にした職人集団・穴太衆

安土城は日本初の総石垣の城としても有名だ。天守、御殿、石垣が揃った近世城郭の第1号で、琵琶湖東岸にある標高199メートルの安土山山頂に天守、下層に家臣の屋敷や町家が置かれた、近世の城と城下町の原型とされている。

安土城の石垣は、比叡山延暦寺の麓にある近江・穴太に暮らしていた石工集団「穴太衆」が積み上げたものだ。それまでの城よりもはるかに高く積まれた石垣は、高度な技術力を持つ穴太衆だからこそ可能だった。

その技術の確かさは、昭和に入って修繕されるまでいっさい積み直すことがなかったにもかかわらず、その姿をよく残していることからもうかがえる。特に、天守台と二の丸付近の野面積みの部分は、築城当時のままの姿をとどめている。

穴太衆は秀吉が小田原攻めを行ったときにつくった石垣山一夜城の石垣の建設にも関わっていたという。ほかにも、江戸城や名古屋城、大坂城や姫路城など、近世の名だたる名城の石垣が穴太衆の手によるものとされる。

ただ、腕は確かといはいえ職人集団に過ぎなかった穴太衆についての資料は極

安土城の羽柴秀吉邸跡

めて少ない。彼らの姿は謎に包まれているのだが、手がけた城のリストを見れば穴太衆なくしては近世以降の名城の石垣は存在し得なかったことは確かなようだ。

安土城は天正10（1582）年6月2日の本能寺の変で信長が没した13日後に炎上し、焼失してしまった。明智もしくは織田側の放火という説や、城下からの類焼などという説があるが、はっきりとした原因は分かっていない。

信長が天下人になるという大いなる野望の象徴として築き上げた安土城は、信長の死とともに歴史の表舞台から焼失するというドラマチックな最期を迎えたのである。

上田城に今も残る伝説の抜け穴「真田井戸」

奇襲が成功したのは井戸のおかげ？

信濃の弱小大名だった真田氏が、歴史の表舞台に出るきっかけとなったのが、徳川軍を2度にわたって撃破した上田合戦（168ページ参照）だ。

なかでも2度目の合戦の勝利には、「真田井戸」と呼ばれる井戸が活躍したという伝説がある。

第2次上田合戦が起きたのは慶長5（1600）年、豊臣秀吉亡き後の政治抗争が発端となった天下分け目の関ケ原の戦いの直前だった。

3万8000の軍を率いて宇都宮から関ケ原に向かっていた徳川秀忠は、徳川を裏切って石田三成側に着いた真田昌幸を降伏させようと上田城に向かった。

しかし、挑発されてまんまと上田城に誘い込まれた徳川軍は、大手口で鉄砲や

現在の真田井戸

矢の一斉攻撃を受けてしまう。

さらに、城外に伏せておいた兵が退却する徳川軍の行く手を阻み、さらなる打撃を与えたのだ。

このような奇襲作戦が成功したのは、場内に唯一の井戸だった真田井戸が抜け穴として使われていて、兵が城外に自由に移動することができたからだと伝わっている。また、井戸を通じて城外から兵糧を運び込むことができたため、敵に兵糧攻めされたとしても痛くもかゆくもなかったというわけだ。

本当に真田井戸が抜け穴だったかどうか真偽は定かではないが、その井戸は今も真田神社の奥に残っている。

霧が戦の行方を決めた？　掛川城の「霧吹き井戸」

井戸からの霧が城を包む

東西に155キロメートルの長さがある静岡県は、旧令制国では伊豆国、駿河国、遠江国の3つに分かれていた。そして、これらの国は戦国時代には今川氏や北条氏、そして武田信玄や徳川家康などが戦った場所でもある。

そのなかで、長い間領地を所領してきたのが今川氏だ。今川氏は京都の足利将軍家の親族で、駿河と遠江の守護に任命された名門の一族だった。「海道一の弓取り」と呼ばれた義元の代には、尾張国や三河国（現在の愛知県）の一部も支配して勢力のピークを迎えていた。

だが、やがてその地位も揺らぎ始める。東から「甲斐の虎」と呼ばれた武田信玄、そして西からは徳川家康が侵攻してきたのだ。

霧吹き井戸

強力な武将に攻められてあっという間に東西から切り崩されていった今川氏真（うじざね）は、とうとう最後の砦となった掛川城に立てこもった。掛川城は最大のピンチを迎えたが、そこに思わぬ援護が現れる。突然、城内の井戸から濃い霧が吹き出してきたのだ。

立ちこめた霧は城を包み、家康は手を出すことができない。しかも、霧が晴れるのを待っていると、今川氏と同盟関係にある北条氏の援軍が到着して挟み撃ちにされてしまう。

そこで家康は力攻めをあきらめ、説得によって開城させたのだ。

霧のおかげで力攻めを避けられた氏真は江戸時代まで生き延びたという。

秀吉がつくった「石垣山一夜城」の実態

茶会を楽しみながら落城を待った秀吉

滋賀の長浜城や京都の伏見城、そして大坂城など、天下人となった豊臣秀吉は多くの城を築いた。現在の神奈川県小田原市に築いた石垣山一夜城もそのひとつで、この城は天下統一の仕上げとして小田原城を本拠とする北条氏を攻めるためだけにつくられたものだ。

ちなみに「一夜城」といわれるのは、一晩のうちに建てたかのように突然、城が現れたといわれるからだ。言い伝えでは、その城は張りぼてだったなどとされているが、豪快な秀吉のこと、城の規模は臨時的なものではなかった。

いきなり姿を現して小田原城下の人々の度肝を抜いた城は、総石垣づくりの山城(やまじろ)で、大坂城にも劣らないものだったのだ。

本丸には櫓（やぐら）や櫓門に囲まれて五層天守がそびえ、一段下がった山里曲輪（くるわ）には茶の湯を楽しむことができる数寄屋（すきや）までつくられていた。

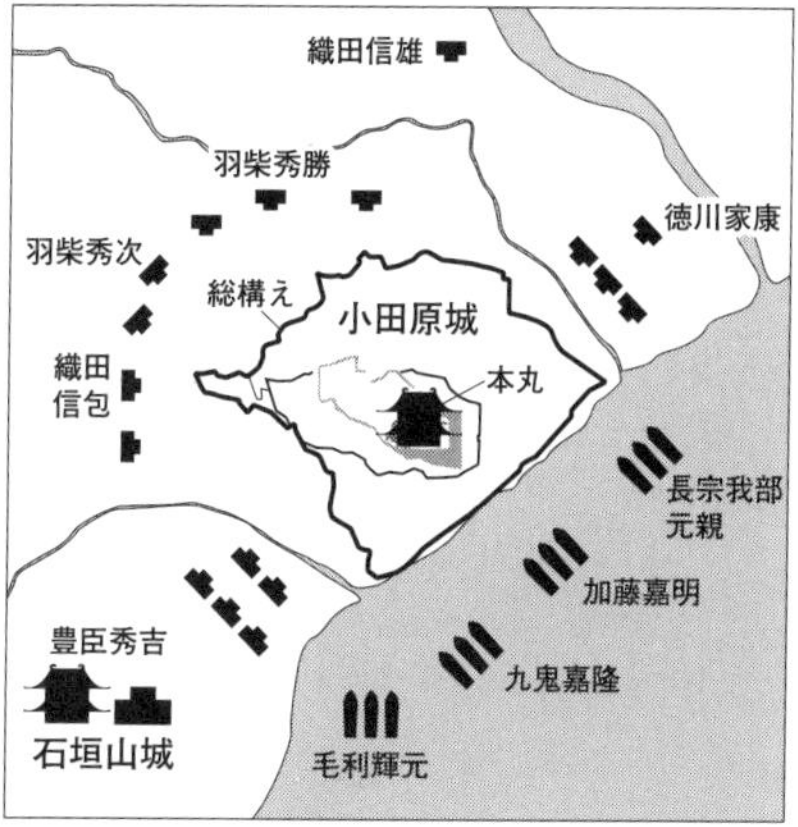

秀吉はここから小田原城を見下ろし、さらに豊臣傘下の大名の船を数千隻も浮かべて海からも小田原城を完全封鎖し、あらゆる物資の補給路を断った。秀吉の言う「敵を鳥かごに入れて干殺しにする」戦法に出たのだ。

そして、あとは高みの見物に徹した。一夜城下に町家までつくり、大名には各地から女房を呼び寄せるよう申し付けたのである。

自分も妻の淀殿や茶人の千利休を呼び寄せ、京都から貴族を招いて毎日のように大茶会を開いたり、箱根の温泉を楽しんだりしながら3カ月間、北条氏が降伏するのを待ったのだ。

一夜で城が出来たと思わせる演出

もちろん、こんな大規模な城がたった一夜でつくられたはずもない。

秀吉は天正18（1590）年の3月1日に京都を出て関東に進撃を開始し、山中城や韮山（にらやま）城など北条氏の支城を次々と落城させていった。

そして4月6日に箱根湯本に到着すると、小田原城を見下ろす笠懸山に登ってここに城をつくると決め、さっそく築城にとりかかったのだ。工事は1日2交代制で昼夜にわたって行われ、石垣の造設から天守の建築まですべてを80日という急ピッチでやってのけたという。どうやら、秀吉は石垣づくりのプロである近江の穴太衆（あのうしゅう）（190ページ参照）をともなっていたようだ。

しかし、一夜城から小田原城までは直線距離にしてわずか3キロメートルしか離れていない。笠懸山は小田原城から見上げれば、すぐそこだ。なぜ2カ月あまりも続いていた秀吉のたくらみに北条氏は気づかなかったのだろうか。

石垣山一夜城の城壁跡

じつは、そこにも秀吉の周到な考えがあった。旧暦の4月というと新暦では5月だ。木々の葉が日に日に生い茂ってくる初夏である。その緑を目隠しにして大急ぎで築城したことが想像できる。

そして、完成すると満を持して城を覆っていた木を切り倒した。まるで一夜で城が出現したように思わせる演出をしたのだ。

突如現れたその城を見て、北条氏はすっかり戦意を失ってしまったともいわれている。まさに秀吉の作戦勝ちだったというわけだ。

こうして天下統一を果たした秀吉だったが、その後東国を訪れることはなく、石垣山一夜城は小田原攻めのあと廃城になっている。

大坂城の石垣にある謎の穴と空堀のトンネル

織田・豊臣・徳川がそろい踏みした城

大坂城は豊臣秀吉の築いた城というイメージがあるが、その築城には織田信長、徳川家康も絡んでいる。いわば、戦国時代のスーパースターがそろい踏みした城なのである。

織田信長は、石山本願寺が焼失した跡地に安土城に代わる新しい城を築こうとした。しかし、基礎工事が終わった頃、明智光秀による謀反（むほん）が起きて信長は命を落とす。その基礎をそのまま受け継いで、秀吉が築いたのが大坂城なのである。

しかし、後の大坂の陣によって城は破壊されて埋められてしまった。その上に新たに城を築いたのが徳川家康である。秀吉の大坂城は黒漆喰（しっくい）の壁に金箔の瓦というものだったが、家康は天守を白漆喰総塗籠（そうぬりごめ）でつくり上げた。堀や石垣も秀吉

石垣にあいた穴

時代の2倍の高さになり、天守も15メートル高いものを築いた。

しかし、現在の天守閣は秀吉の大坂城のものをモデルにして昭和になってから再建されたもので、信長が築いた基礎の上に家康の城、さらに秀吉の天守閣が載っているという面白い姿になっているのだ。

積み石ひとつ分の穴

その大坂城の謎のひとつが、南側の外堀にある謎の穴だ。南側の外堀に面した石垣を見ると、積み石をひとつ外したくらいの穴が開いているのがわかる。

穴の位置は堀の水面から8メートル、石垣

の上部から15メートルで、人間が通ろうとしたにしては不自然だ。入り口から2メートルほど入ると内部が崩れていて先に進むことはできない。

この石垣は家康によってつくられたもので、積み上げられた石はきれいに削られて整然と積まれている。一方、1959（昭和34）年の発掘調査で発見された秀吉時代の大坂城の石垣は野面（のづら）積みで、自然のままの石を組み合わせてつくられていた。もし、石垣に穴を開けようとしても、野面積みの石垣ではうまくいかなかったはずだ。

この穴は明治時代に大坂城を占拠していた旧陸軍が開けたといわれている。何のために開けたものなのかはわかっていないのだが、大坂の陣で大坂城の石垣が家康によって破壊されていなければ、穴を開けることは難しかったことは間違いないだろう。

空堀にのびる石組みの謎

大坂城をぐるりと囲む堀にもミステリーがある。水堀は本丸を囲むように掘られているが、正門となる桜門の両側だけが水のない〝空堀〟になっている。その境目付近にトンネル状の石組みが残されているのだ。高さは1・5メートル、幅は2メートルほどで、空堀を横切るようにつくられている。

空堀部分の謎の石組み

両端は二の丸と本丸の石垣に接し、石組みの中は大人1人がかがんで通れるくらいの空洞になっている。

「本丸から二の丸玉造口に通じる秘密の地下道」とか、「石垣にしみ込んだ水を抜くための設備」などさまざまな説があるのだが、どれも確証がなく、決め手に欠けている。

大坂城はその築城に信長、秀吉、家康が絡んだという戦国時代最後のドラマがあり、今もなお残された多くの謎や逸話が研究者たちを悩ませ、好事家たちを楽しませているのである。

意外とシンプルだった？　完成当時の江戸城の謎

家康が建てた江戸城は意外とシンプル

江戸城は天正18（1590）年、徳川家康が関東に入る際に居城とした城だ。家康以降、代々の将軍たちが暮らしたのだが、増改築を繰り返した結果、家康が暮らしていた当時の姿とはまったく異なるものに変わっていった。

現在、江戸城の姿として多くの人が思い浮かべるのは、有名な「江戸図屏風」に描かれている3代将軍家光の頃のものだろう。

大名たちに対して武家諸法度を発令し、城の改築や増築を厳しく制限する一方で、江戸城だけが徳川の権勢を象徴するようにその規模も機能も日本最高峰といって過言ではないものにつくり変えられていったのだ。

家康が入城した江戸城の姿は、平成29（2017）年2月に島根県松江市の松

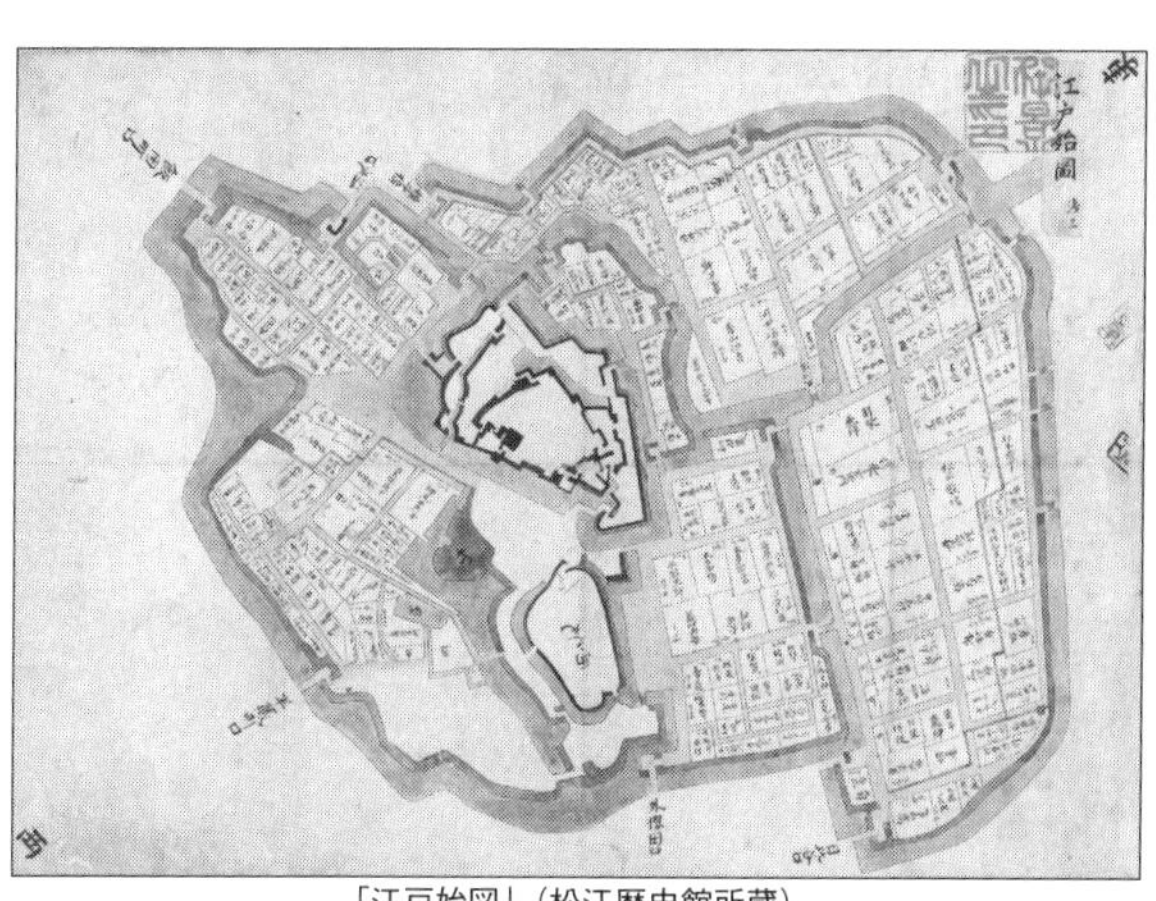

「江戸始図」（松江歴史館所蔵）

江歴史館で発見された「江戸始図」で見ることができる。

その造りはシンプルかつ機能的で、戦国時代を勝ち抜いた家康ならではの工夫が凝らされた、防衛拠点としての城だったことが読み取れるのである。

強固な防衛力を持つ多門櫓を備えた城郭

その大きな特徴のひとつは、本丸のつくりにある。現在の江戸城は本丸の天守台だけが修復・保存されているのだが、家康の江戸城では大天守と小天守を多門櫓で連結した「天守曲輪」を構成している。

櫓とはもともと矢倉、矢蔵と書き、その名のとおり武器庫として使われている城の一部だ。近世城郭の場合、天守を小型にしたような外観になっており、その構造や位置によって名称が異なっている。

多門櫓とは、簡単に言うと城壁の上に建てられた長屋のような建物のことだ。一般的に城を囲む城壁の隅になる部分が防衛の重要拠点とされており、そこには隅櫓（すみやぐら）が置かれた。その隅櫓同士は土塀でつながれていることが多いのだが、これを長屋でつないだ形をしているのが多門櫓なのだ。

多門櫓を備えた城郭は、薄い土塀を連ねるよりもはるかに強固な防衛力を持ち、当時の兵器では櫓自体を破壊するのも困難を極めた。

また、平時には倉庫や城に仕える人たちの住居としても利用できる。

大天守と小天守を多門櫓でつなぐということは、本丸の中に天守を中心とした小さな〝城下町〟が存在しているようなものなのだ。つまり、本丸の中に天守曲輪があれば、たとえ本丸に攻め込まれたとしても、多門櫓を拠点として戦うことができる。

防衛の要として大きな力を発揮する多門櫓を建てるには、当然多大な労力がかかる。徳川家はその権力を利用して、多くの城に大規模な多門櫓を築いた。有名なのは、駿府城、名古屋城、丹波亀山城、二条城、大坂城、篠山(ささやま)城などだ。

徳川以外の城では姫路城、金沢城などのいずれ劣らぬ大城郭があり、築城当時の城主たちの権勢を物語っている。

また、本丸の南側の門には5連続の外枡形(そとますがた)（73ページ参照）が採用されている。これは、外側から城門の開閉や人の出入りが見えにくい形で、守備を固めるにしても、攻撃を悟られないためにもうってつけの形だ。

築城の名手とうたわれた加藤清正の熊本城にもこのスタイルが用いられている。

家康の江戸城の構造を見れば、天下人まで上り詰めた後も、いかにしてこの城を守るかということに注力したことがうかがえるのである。

天井を落として圧死させる宇都宮城の「釣天井」伝説

城主が失脚した事件

関東七名城のひとつに数えられている宇都宮城に残る有名な伝説が、当時の城主・本多正純(まさずみ)が失脚したきっかけとなった「宇都宮城釣天井事件」だ。

元和8（1622）年、2代将軍秀忠が日光詣(もうで)を行った際、道中の宿として宇都宮城を使う予定だったにもかかわらず、帰りは城に寄らずにそのまま江戸に戻ったという出来事があった。

その不自然にも見えた行動から、正純が幕府に対して謀反(むほん)を企て、部屋に釣り天井を仕掛けて将軍の暗殺を目論んだのだという噂が立ってしまう。

その4カ月後、城は召し上げられて正純の身柄は秋田の佐竹氏にお預けとなったのである。しかし、宇都宮城に釣り天井は存在せず、これは正純を追い落とす

宇都宮城の清明台櫓（復元）。この櫓を天守代わりとして利用していた時期もあったという。

ための陰謀だったという説が有力だ。その首謀者が家康の長女・亀姫である。

亀姫は長篠の戦いで活躍した奥平信昌と結婚し、関ケ原の合戦後は宇都宮に居を構えていた。

ところが、秀忠の老中だった正純が幕府に推されて宇都宮城に入城したことで、奥平氏は下総（しもうさ）（現在の千葉県北部・茨城県西部）に追い出されてしまったのだ。当時の奥平家の当主は忠昌で、亀姫の孫である。

これを恨みに思っていた亀姫は、正純が秀忠の宿泊に合わせて城の改築を行ったことを逆手にとって、正純が裏切ろうとしていると秀忠に吹き込んだというのだ。

正純は城の改築を急ぐあまりに、幕府に申請していない本丸の石垣の改築を行ってしまった。さらには、幕府に無断で鉄砲の購入をしていたり、幕府から預かった根来衆（根来寺を中心にした僧兵の集団）を城の普請の際に指示に従わなかったとして無断で処断するなど、つけ込まれる隙はおおいにあったといえるだろう。

とはいえ、この亀姫の逆恨み説にも裏づけがあるわけではなく、正純の同僚であった土井利勝などによる正純の失脚を狙った陰謀だったという説も有力だ。

近年の陥没事故は抜け穴のせい？

宇都宮城にまつわる陰謀説がにわかに脚光を浴びたのが、昭和に入って起きた市街地での陥没事故である。平成元（１９８９）年に起きた宇都宮市の西にある大谷町の採石場での大規模な陥没事故は有名だが、じつはそれ以前にも市内では陥没事故が起きていた。それが武家屋敷からの抜け穴が原因ではないかというのだ。

検証してみると市内の地下にある穴は、武家屋敷跡から見つかっている。その穴の先が宇都宮城に続いていたという説があり、釣天井事件の際の改築で正純に

平成元年の陥没事故の様子（栃木県警提供 / 時事）

よってつくられたとされている。

これは、あくまでも推測の域を出ない説で、正純による改築の図面も残されていないとあっては真偽を確かめるすべはない。正純が追われた後、宇都宮城には奥平忠昌が再び入城し、亀姫の思惑通りになった。その後、戊辰戦争の際に新政府側についた宇都宮城は、土方歳三らの旧幕軍に攻められていったんは落城し、すさまじい奪回戦が行われた。

しかし、その多くを焼失してしまい、当時の遺構はほとんど残っていない。現在見ることができる宇都宮城は、近年になって復元された本丸の半分と水堀、土塁、二重櫓だけで、地下に潜む抜け穴の存在はいまだ謎のベールに包まれている。

岡山城の隣の後楽園は庭に見せかけた軍事施設？

名庭園はじつは出城だった？

岡山城の天守からは、総面積13万3000平方メートルの広々とした日本庭園を眺めることができる。これは、江戸時代の初期に当時の岡山藩主、池田綱政（つなまさ）によって造営された後楽園だ。金沢の兼六園、水戸の偕楽園（かいらくえん）とともに日本三名園に数えられていて、外国人観光客からの人気も高い。

しかしこの後楽園は、どうやらただの庭園としてつくられたわけではなかったようだ。じつは、庭園という名を借りてカモフラージュした出城だったのではないかというのが大方の見方なのだ。

出城とは、メインとなる本城から離して前線に設けた城のことで、戦略的に重要な場所につくられる。ちなみに、大坂の陣で最前線となった真田丸も大坂城の

右上に広がるのが後楽園。岡山城の天守が中央部に見える。（写真提供：時事通信フォト）

出城だったなど、戦国の城の縄張を見てみると、本城の守りを固めるための防衛拠点として出城が置かれていたことがわかる。

しかし、江戸時代になると、幕府は全国の藩から反逆者が出ないように武家諸法度によって大名を厳しく監視するようになる。許可なく城の築造や改修ができないように神経をとがらせていた。

大名も目をつけられないように、火事で失った天守を再建する際に新たな建物のことを「櫓（やぐら）」と称したりしていた。

つまり、綱政は幕府への忠誠心を疑われないために、庭園に見せた軍事施設をつくったのかもしれないのだ。

土塁で固められた庭園内

後楽園は岡山城の北側にあり、天然の堀の役目を果たしてきた旭川の中州につくられた。

なぜ、ここが出城ではないかといわれているのかというと、庭園といいつつ周囲は土塁と竹林でしっかりと固められているからだ。しかも、岡山城の北側はもともと防備が手薄だった。だからといって、そこにあらたな施設を建てることは幕府が許さない。そこで、防備の弱点をカバーしつつ、いざというときには出城の役目を果たすこの広大な庭園を造ったのだ。

後楽園は、東京ドーム3つ分にもなる広さがあり、そこに唯心山(ゆいしんざん)という人工の小山や池、藩主の居間となる延養亭などがつくられた。さらに、立派な能舞台が設けられたのは、文化的なセンスに長けていた綱政が優れた能の舞手でもあったからだという。

また、綱政が田園風景を好んだことから園内の東には田んぼや茶畑がつくられたのだが、これらもここが出城といわれる理由のひとつだ。

唯心山越しに見える岡山城天守

米をつくる田んぼがあれば、籠城戦になったときの食糧の確保もできるし、池の水は飲料水になる。一見、優雅な憩いの場でありながら、そこかしこが有事を想定したつくりになっているのだ。

ちなみに、純然たる庭園として整備された金沢の兼六園や水戸の偕楽園には、このような田んぼも茶畑もない。

表向きは〝藩主の安らぎの場〟として造営された後楽園は、ただの美しい庭園ではなかったことを物語っているのだ。

お宝が眠るといわれた名古屋城の井戸

金のシャチホコ以外の財産はどこに？

「徳川埋蔵金伝説」なるものがある。

これは幕末に江戸城が旧幕府から明治新政府に引き渡された際、幕府御用金が保管されていたはずの金蔵が空っぽだったことに端を発している。

明治初期の日本は、西南戦争の戦費がかさんだことや、インフレが起きたことで財政難にあえいでいた。そこで明治政府は、江戸城が無血開城したあかつきには、城に保管されている多額の幕府御用金を資金源にしようと目論んでいたのだ。

ところが、城内のどこを探しても金は発見されない。

こつ然となくなってしまった大量の御用金は400万両、現在の価値に換算すると20兆円にもなるという。

名古屋城の天守に輝く金のシャチホコ

赤城山の地中に埋蔵されたのではないかなどとされ、かつてはTV番組で大々的に捜索されたこともあったが、いまだ金の行方はわかっていないのだ。

江戸城の埋蔵金伝説は徳川宗家のものだが、じつは、名古屋城にも徳川御三家のひとつである尾張徳川家の埋蔵金伝説がある。

金のシャチホコで有名な名古屋城は、江戸時代に徳川家康の命令によって九男の徳川義直のために建てられた。総ヒノキづくりの本丸御殿は豪華絢爛で、壁やふすまには日本画史上最大といわれた狩野派の絵師による絵が施されていたという。

また、伊勢音頭で「尾張名古屋は城でもつ

（繁栄する）」とうたわれた名古屋のシンボルで、戦前に城郭として国宝第1号に選ばれている。

天守で輝く2体のシャチホコは、そんな尾張徳川家の財力の象徴ともいわれたが、もちろんこれが財産のすべてではない。

徳川家康は大坂夏の陣で豊臣家を滅ぼして天下を取るが、その際に大坂城に蓄えられていた豊臣家の金銀を手に入れている。

そして、その金銀は御譲金として水戸、尾張、紀伊の御三家に分配され、軍用や天災対策などに取っておくよう言い渡されていたのだという。

井戸に敷き詰められていたのはただの小石

その御譲金などの埋蔵金が眠る場所とされたのが、大天守の地階にある井戸である。この井戸は加藤清正らが飲料水の確保のために掘ったものだ。しかし、当初は水がかなり濁っていて、とても飲めるものではなかったという。清正は清らかな水になるよう神に祈祷するのだが、それでも変化はなかった。

井戸の中の小石（©Kentaro Ohno）

そこで、井戸の底に黄金を敷き詰めてみたら濁りが取れて、飲料に適したきれいな水になったのだという。やがてこの井戸は黄金井戸や黄金水と呼ばれるようになり、そこから尾張徳川家の莫大な財産の隠し場所ではないのかなどの説が生まれたようだ。

しかし、昭和になってからの名古屋市の調査では、埋蔵金はおろか黄金も発見されることはなく、底に敷き詰められていたのはただの小石だったのだという。

こちらも、明治の廃藩置県で財産処分を余儀なくされたときに、埋蔵金だけどこかに移したのではないかなどとも言われているが、真相はわからないままだ。

【参考文献】

『城を攻める　城を守る』伊東潤／講談社、『日本の城の基礎知識』井上宗和／雄山閣、『透視&断面イラスト日本の城』西ヶ谷恭弘監修・文／世界文化社、『甲信越・北陸　銀嶺を望む風雪の城』平井聖監修／毎日新聞社、『ビジュアル　合戦雑学入門』東郷隆・上田信／大日本絵画、『城の語る日本史』佐原真／春成秀爾／白石太一郎／阿部義平／岡田茂弘／石井進／千田嘉博／小島道裕／朝日新聞社、『図説　戦う日本の城最新講座』西股総生／学研プラス、『日本名城図鑑〈同一縮尺で見る城郭規模の比較〉』西ヶ谷恭弘監修／理工学社、『復原戦国の風景・戦国時代の衣・食・住』西ケ谷恭弘／ＰＨＰ研究所、『日本１００名城　公式ガイドブック』公益財団法人日本城郭協会監修／Gakken、『戦国の城』小和田哲男／学習研究社、『鉄砲と戦国合戦』宇田川武久／吉川弘文館、『土の城指南』西股総生／学研、『戦国時代の計略大全』鈴木眞哉著／ＰＨＰ新書、『築城から読み解く戦略と戦術　戦国の堅城』、学習研究社、『カラー版徹底図解　戦国時代』榎本秋／新星出版社、『お城のすべて　天守から石垣、縄張、名城の見所まで全部丸わかり』三浦正幸監修／Gakken、『日本の名城・古城　もの知り事典』小和田哲男監修／主婦と生活社、『日本の城事典』千田嘉博監修／ナツメ社、『城のつくり方図典』三浦正幸／小学館、『戦国の城の一生　つくる・壊す・蘇る』竹井英文／吉川弘文館、『戦国の城　上巻〈関東編〉』西ヶ谷恭弘／学習研究社、『城の攻め方・つくり方』中井均監修／宝島社、『戦国　戦の作法』小和田哲男監修／G・B・、『戦国の城　中巻〈西国編〉』西ヶ谷恭弘／学習研究社、『戦国の城　下巻〈中部・東北編〉』西ヶ谷恭弘／学習研究社、『戦国の城　別巻〈総説編〉』西ヶ谷恭弘／学習研究社、『大坂城全史—歴史と構造の謎を解く』中村博司／筑摩書房、『新装版・大坂城　天下一の名城』宮上茂隆／草思社、『城と姫』楠戸義昭／新人物往来社、『地図で読み解く　戦国合戦の真実』小和田哲男監修／小学館、『歴史群像シリーズ　もっと知りたい　日本１００名城　近世の城編』公益財団法人日本城郭協会／学研パブリッシング、『タツミムック　お城の手帖』辰巳出版、『鳥瞰イラストでよみがえる　日本の名城』西ヶ谷恭弘／世界文化社、『図説　日本の名城』平井聖・小室榮一編／河出書房新社、

『日本の城ハンドブック』小和田哲男監修／三省堂、『山川MOOK　日本の城』山川出版社、『石垣の名城　完全ガイド』千田嘉博／講談社、『ビジュアル　日本史１０００城』三浦正幸監修／世界文化社　ほか

【参考ホームページ】

各城公式ホームページ
熊本城　熊本市観光ガイド　https://kumamoto-guide.jp/kumamoto-castle/
箱館奉公所　https://www.hakodate-bugyosho.jp/about3.html
函館・五稜郭タワー公式ウェブサイト　https://www.goryokaku-tower.co.jp/
鶴ケ城・会津若松観光ビューロー　https://www.tsurugajo.com/turugajo/shiro-top.html
篠山城大書院・観光施設・丹波篠山観光協会　https://tourism.sasayama.jp/association/2013/01/post-48.html
滋賀・びわ湖　観光情報 https://www.biwako-visitors.jp/spot/detail/831
安芸市観光協会　http://www.yasugi-kankou.com/index.php?view=5228
宮島観光協会　http://www.miyajima.or.jp/history/chronology.html
行田市　https://www.city.gyoda.lg.jp/15/04/12/meisyo/osizyou/rekisi.html
三木市　https://www.city.miki.lg.jp/site/odekakeplus/3014.html
信州上田観光協会　http://www.ueda-cb.gr.jp/uedajo/index.html
上田市役所　https://www.city.ueda.nagano.jp/index.html
三島市役所　http://www.city.mishima.shizuoka.jp/
一般社団法人　三島市観光協会　http://www.mishima-kankou.com/
熊本市観光ガイド　https://kumamoto-guide.jp/seinan-senso140/

七尾市　いしかわ歴史遺産　https://www.hot-ishikawa.jp/ishikawa-rekishiisan/nanao.html
八王子こどもレファレンスシート　https://www.library.city.hachioji.tokyo.jp/pdf/001.pdf#search=%27%E5%85%AB%E7%8E%8B%E5%AD%90%E5%9F%8E%E3%81%AE%E6%88%A6%E3%81%84%27
南島原市教育委員会　https://www.city.minamishimabara.lg.jp/common/UploadFileOutput.ashx?c_id=3&id=4735&sub_id=1&flid=9033
大坂城　豊臣石垣公開プロジェクト　https://www.toyotomi-ishigaki.com/hideyoshi/
安土城天主　信長の館　http://www.zc.ztv.ne.jp/bungei/nobu/vr/index.html
八王子城跡　オフィシャルガイドの会 http://hshiro.fuma-kotaro.com/k_bsiro.html
第25回全国山城サミット　https://gassantodajo.com/
第7回戦国尼子フェスティバル　https://gassantodajo.com/todajo
神々のふるさと山陰　http://furusato.sanin.jp/p/area/yasugi/14/
おらしょ　こころ旅　http://oratio.jp/p_column/hakai-harajo
いま蘇る、キリシタン史の光と影。　https://christian-nagasaki.jp/
城びと　https://shirobito.jp/article/442
左大臣どっとこむ　https://history.kaisetsuvoice.com/Sengoku_Takeda13.html
吾こそは上杉謙信なり！　http://www.warehauesugi.com/txt/bisya.html
ニッポン旅マガジン　https://tabi-mag.jp/kantoh-top7castles/
サライ.jp　https://serai.jp/hobby/316081
お城散歩　http://kahoo0516.blog.fc2.com/blog-entry-729.html
兼六園めぐり　https://kenrokuen.or.jp/
朝日新聞デジタル　&Ｔｒａｖｅｌ　https://www.asahi.com/and_travel/20181015/17003/

マイナビニュース https://news.mynavi.jp/article/20140414-osakacastle/
ＮＨＫ　解説委員室　http://www.nhk.or.jp/kaisetsu-blog/400/264234.html
ＷＥＢ歴史街道　https://shuchi.php.co.jp/rekishikaido/
Wondertrip　https://wondertrip.jp/91135/
ほか

【画像】

カバー　姫路城（右下）　hinooto/PIXTA
　　　　姫路城（左中）　Tonic/PIXTA
本文　25ページ　© 藤谷良秀 and licensed for reuse under Creative Commons Licence
　　　55ページ　©kamoseiro and licensed for reuse under Creative Commons Licence
　　　69ページ　©Reggaeman and licensed for reuse under Creative Commons Licence
　　　92ページ　高松城　©663highland
　　　　　　　　今治城　©redlegsfan21 and licensed for reuse under Creative Commons Licence
　　　　　　　　二条城　©Wiiii and licensed for reuse under Creative Commons Licence
　　　１１７ページ　©Samuraiantiqueworld and licensed for reuse under Creative Commons Licence
　　　１５１ページ　© ぺ有家音 and licensed for reuse under Creative Commons Licence

※本書は2019年6月に小社より刊行された『知られざる名城の仕掛けと謎』を文庫化したものです。

知られざる名城の仕掛けと謎

2022年4月12日　第一刷

編者　歴史ミステリー研究会

制作　新井イッセー事務所

イラスト　瀬川尚志

発行人　山田有司

発行所　株式会社彩図社（さいずしゃ）

〒170-0005 東京都豊島区南大塚3-24-4 MTビル

TEL:03-5985-8213
FAX:03-5985-8224

印刷所　新灯印刷株式会社

URL：https://www.saiz.co.jp
https://twitter.com/saiz_sha

ISBN978-4-8013-0592-2 C0121